第四封信．The Fourth Letter

從秘密，看見一點點自己

朱槿花、榻榻米、木頭香氣。

這是我回溯，感到自在又擁有自我的最初記憶中，所抽取出來的感官元素。那是一條以朱槿綠籬為牆、另一側是有著灌溉水路的小徑，路徑是通往也是離開鋪有榻榻米和大量木製家具的處所，長年有著清冷的溫濕度。依稀記得，那裡具有平撫我青年時期扭捏心緒，和徬徨時能喘氣指引的印象。

往後的人生際遇，便總是隱性的尋找和趨近，有著水流、植物和木質元素的地方，曾經有一回租屋處意外的座落在相似環境裡，而那也是我至今住過最久的居所。自此回看思索，才了解那應是大腦最早被感知、而連結的安心觸媒。

我認為，每個人的秘密據點或是和所屬團體共享的據點中，必定有著近似的條件，得以觸發和過往記憶重疊的愉悅、放鬆、穩定……等正向記憶，才會促使人一而再的回返停留，構築成現在另一個可以安放自我的地方。

我們都在每次的選擇裡，更看見一點點的自己。

主編 董淨瑋

時刻 MOMENT

燃火

in 台東東河

小孩對營火有一種無可自拔的喜愛，大人也是。露營的晚上，看著火苗燃燒樹枝，發出劈哩啪啦的聲音，不時竄出小火花，像火裡的小精靈在跳舞，也勾起人類對火最原始的記憶。營火升起來之後，很想圍著它跳舞，但我們通常圍在旁，一邊烤火取暖、一邊烤著甜滋滋的棉花糖。去年秋冬之際，我們去北海道露營，曾把農場撿拾的新鮮栗子丟進去烤，也烤過地瓜和馬鈴薯。我常常在想，若有一天，當生火和農務成為學校必修課程，就算發生了如同電影《生存家族》裡的情節，也不足為懼。

盛琳
bibieveryday 主理人，在與小男孩和小女孩的日日生活中持續修煉著。

Evan lin
攝影師、策展人、兩個孩子的爸爸，穿梭在工作與生活中的多重身分。

場景 SCENES

重返記憶 太平山

in 宜蘭大同

太平山就在家鄉宜蘭，但其實只有小學時去過。自從父親到中國經商，家裡就很少有出遊行程。一眨眼30年沒再踏上，隱約記得是樹很多的地方，而且要走很長很累很遠的階梯，過程要大口吸氣才感覺得到在呼吸。

去年冬天帶著一個孩子重返，也帶著7歲那年的自己，走一小段相同的路，果真傳來孩子大口呼吸聲，他說：「我走得好累！可不可以抱我？」拍著他的肩說：「再往上走一小段就能搭蹦蹦車！」孩子聽到後興奮大叫，又全身充滿電的往前走了。

之後還挑戰來回近八公里的山毛櫸步道，放眼盡是籠罩霧紗的黃金色山毛櫸，凝神觀看，樹上有蜘蛛網集結水氣的美艷水晶。慶幸重新踏上太平山，不再只有累，還能感覺到群樹擁抱的美好，和深深呼吸後的存在感。

林靜怡
宜蘭頭城人，現居花蓮壽豐，住在被山林擁抱和溪流洗滌的地方，與四隻狗二隻貓一起生活，創立「大樹影像」是希望能為被攝者留下些什麼，並讓世界溫暖一點。

村長家屋的啟示

in 馬祖北竿

回憶小時候，我最喜歡在寒暑假時，與爸媽一起回貢寮外婆家住上幾週，住在仍是稻草與泥土搭建的土角厝裡，相伴的霉味是長大後才明白的長年潮濕導致，但能與外公外婆一起生活在如今看來的傳統建築裡，記憶裡是滿滿的快樂。前些日子開始探索傳統建築，不時走訪由老屋重建活化的建築空間，有的供人住宿體驗，有的轉型餐飲服務，或許老屋在這個世代理所當然成了商業運用一環，至於活化後是否有人延續屋裡的家庭生活，我想是越來越少了。

今年夏日邁入尾聲，我算準時間在白露前飛去馬祖北竿，帶著幾卷底片想蒐集未曾感受過的閩東氛圍，尤其是如今仍屹立在山海間的芹壁聚落，一棟棟皆由花崗岩堆砌而成的印章式建築，是我一直想親眼目睹的歷史聚落。我在小小的芹壁村裡遊走了三天，用肌膚感受著巷弄裡的海風，與民宿主人閒話家常，聽著他回憶兒時捕魚的過往，聊著阿兵哥與阿兵妹的那個年頭，還有許多關於海盜的神秘傳說。

我住在村裡最上端，房間裡可以直接眺望大海與高登島，並且能看到每棟屋頂上的不同巧思與壓瓦石。這天下午我沒有安排行程，只是在日落前隨著階梯的帶領，我來到一處有別於其他民宿氣氛的老屋前。

門前有位先生正晾著仍在滴水的衣褲，門邊手寫的木牌上，透露了屋主是一村之長的身份，於是壓不住好奇心的我便主動上前攀談，才得知這棟同樣以花崗岩建築而成的老屋，並沒有打算轉型為民宿，也沒有特別想要裝潢整理，只要村民們的疑難雜症還能在這找得到他，村長說：「這就是我的家，自己一個人住，還能遮風避雨就要偷笑了。」

回過頭來想，腦中再次浮現外婆家的土角厝，以及曾經三年住在自己修建的海邊廢墟，這些年代已久的建築或老屋，活化其實不侷限於某種產業上。對現在的我而言，屋子的靈魂就交給屋子裡的那些人。

建築
BUILDIND

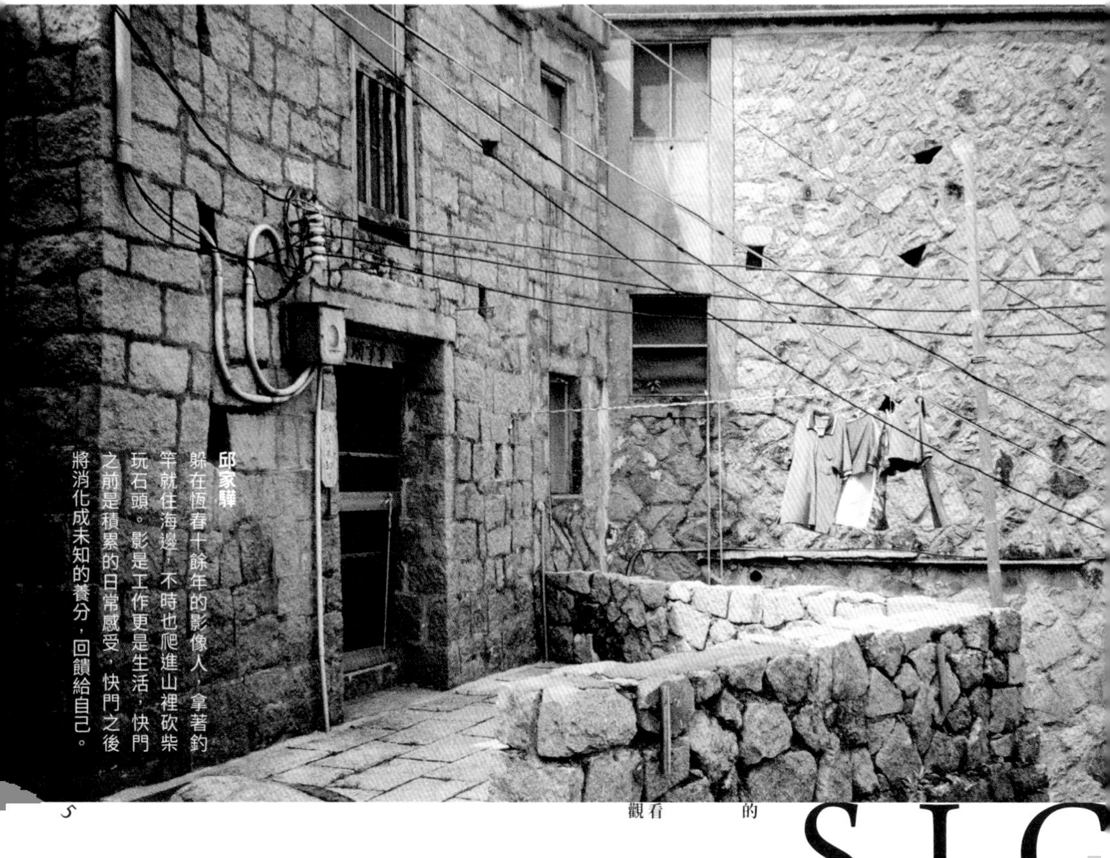

邱家驊

躲在恆春十餘年的影像人，拿著釣竿就往海邊，不時也爬進山裡砍柴玩石頭。影是工作更是生活，快門之前是積累的日常感受，快門之後將消化成未知的養分，回饋給自己。

博為，挖要買魚丸啦

in 高雄茄萣

我們坐在茄萣屈指可數的咖啡館，博為的手機不時有陌生號碼打進來。「我還是不要接好了。鄉下地方小，常常都這樣，就算是休息時間，一通電話打來就是要你服務。」他小聲地喃喃自語，我看出他的猶豫。

我和博為好久沒見面了，上次已是十幾年前，我們都還就讀貓大的時候。博為是資管系學弟，隱約記得他家在南部海邊，寒假會看到他在臉書上問有沒有人要訂購烏魚子和魚丸，後來我都稱他「魚丸王子」。

畢業後我們甚少聯絡，只知道他

人 PERSON

曾在台北軟體公司上班，沒多久就離職回家裡幫忙，一回來就是十個年頭。我其實非常意外。他家在傳統市場賣魚，從資管到魚販，請原諒我很難想像這轉換過程能有多順暢。

阿公開始就在市場賣魚，一路傳三代，現在博為與弟弟也回來幫忙，魚攤以販售虱目魚為主，也批興達港的漁獲來賣，還做烏魚子和魚丸，父親曾與人合夥租過魚塭養虱目魚和蝦，但看天吃飯不好賺，後來也就不了了之。

博為身為魚販的一天是這樣的：凌晨3點到魚攤，協助父親將整尾虱目魚分切成不同經濟價值的部位——最值錢的魚肚，然後是魚皮、魚背肉、魚腸。大概8點，博為會先離開攤位，將剩餘魚肉帶回加工廠做成魚丸，有時還要包裝送貨，傍晚後便早早休息，準備隔天早起。

「這樣很好，其實回家比較輕鬆，收入也穩定。」聊起魚販生活，他說相較於在台北每天加班的社畜生活，其實他適應得滿好的。我想起剛剛那幾通電話，「難道沒有任何不習慣的嗎？」我追問。「喔，休假真的很少。」他說市場每月只休初三與十七兩天，唯一的長假便是農曆過年。

但看他的臉書動態，各大音樂祭或Live場他很少缺席，也常看到他去爬山，一下屏東北大武、一下新竹尖石。怎麼辦到的？「沒辦法啊，這我無法犧牲，只好調整心態。」但平常最多就是一天半，於是北大武他只爬一半，聽團常常無法聽完最後安可曲目。更多時候，是無奈的妥協，「上次傷心欲絕的那一場，我票都買了，但後來真的抽不了身……」

如何在工作與生活中找到最適合的節奏與平衡，眼前的他，似乎還沒找到最佳解法。

他的電話繼續響起，他還是沒接。突然一個戴著安全帽的大嬸衝進來，「喲！佇遮（tī tsia，在這裡）喔，我要跟你拿三包魚丸啦。」博為有點無奈地跟我說「你等我一下，我先去忙。」他轉身後露出職業笑容，領著大嬸往外面走去。

邱承漢
高雄人，喜歡拍照也喜歡寫字，更喜歡真誠的人，育有一狗兩貓。2011年將外婆起家厝改建為叁捌地方生活，用幽默感及設計參與社區，過著返鄉但持續流浪的生活。

觀看 的

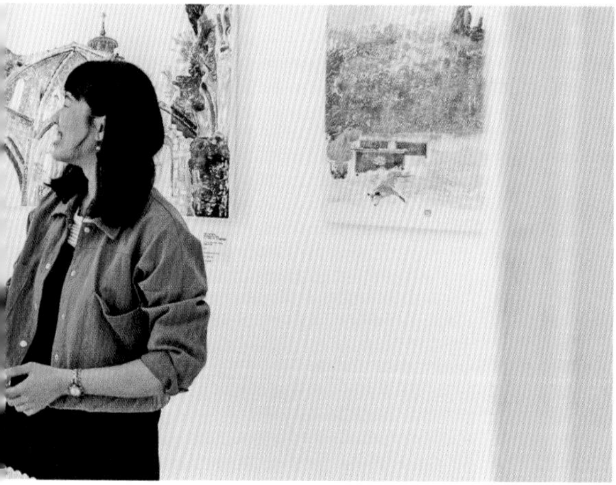

目 Contents 次

Feature 特輯

秘密據點

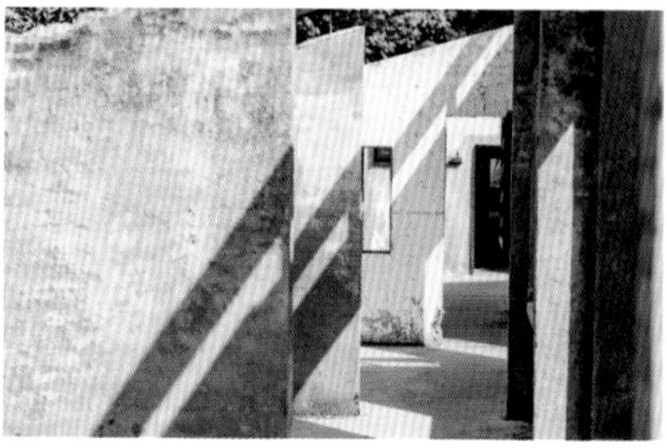

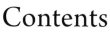

Little Free Library

事事順利事事成

ABCD

Inside of Place 走進地方

Local Minds 在地心眼

秘密據點

地方工作者的地下事務所

插畫—奧斯卡

我們今天約在那裡碰面討論！
還有東西要趕，就去那裡吧。
SECRET BA

包山又包海，自成支持系統

秘密據點，是專屬於自己的理想據點。

也許是當心情需要緩解，總會知道那裡是開放著，不會吃一記閉門羹；或是朋友間的共同聚會處，機動相約、隨時可見；抑或是需要多人討論時，能高聲議論、自在笑鬧的空間。這些情境裡面，都可見由自身到所屬團體依賴認可、頻繁進出的私密據點。

GET TOGETHER

對於仰賴大量串聯溝通，和高度機動性的地方工作者而言，這些據點不單是空間，而是包辦工作和生活的重要支持系統，可以是天馬行空的工作室、是機動可移的辦公室、也能成為取暖充電的會客室。

據點，讓地方工作者得以獲得資訊、建立關係、相聚放鬆、習得新知……滿足實質工作和心理層面的內外需求。

一間咖啡店、一家海產店、一處三合院埕，都可能是匯聚機會、想像與撫慰的集合地。

串聯地方可能的入口和出口

文字—王建偉
攝影—黃子倩

白天人潮車流熙攘，入夜後靜悄悄的基隆孝三商圈，周圍林立有小吃店、藥局、佛具行、茶行……眾多開業至少30年起跳的商家，誰也想不到忠三路上這棟閩洋式建築的二、三樓空間，存在著一間基隆年輕人口中的「民主聖地」咖啡館。他們時常在此聚集，放空兼喇賽，也激盪彼此對於文化、環境、政治、藝術，乃至地方活化議題的願景，甚至共同付諸行動。

基隆生

頻率：不固定，有些成員天天報到，有些成員一週出現一、兩次

地點：主要場景在金豆咖啡，偶爾會去「無用學堂」開會

可能成員：「回基隆」戴瑞儀和李奕緯、「無用學堂」鄭詩怡、「雨島人」代表黃韋智（查德）、獨立接案者陳嫻儒、「故事」成員何昱泓

聚會目的：共同策劃第一屆「中元涼伴，回家吃飯 a.k.a 基隆普度後辦桌吃起來」

花費時間：至少 5 ～ 6 小時起跳，最長的一次開會超過 12 小時

聚會形式：從原本輕鬆的聊天喇賽，到不小心聊出共同想要實現的目標

必備餐飲：出現過黑咖啡、冰淇淋、外送餐點、美子姊特調酒精

GET TOGETHER INFO

金豆咖啡，不只是一間咖啡館，這裡是基隆地區少數的複合式藝文展演平台。路過時不太會注意到它，招牌有些低調，入口處有點隱密，得從一間食堂旁的玻璃側門進入，穿過狹長階梯，感受兩側五顏六色海報的視覺轟炸，就來到二樓營業空間。

2012年從成功二路31號橋下的畸零空間遷移到現址，金豆咖啡原本就是一間具有三十多年歷史的老牌咖啡館，現由第二代的王鴻麟和田美子夫婦共同經營。當初被建築物立面的巴洛克式落柱和落地窗台吸引，具美術背景的老闆娘田美子毅然決定租下，「我在台北上班13～14年，做過很多設計和展覽工作，覺得好像可以用這個空間做一些好玩的事。」

318學運後的金豆咖啡

然而，金豆之所以能成為基隆青年的聚會所，不是因為小清新，真正的關鍵點始於2014年的318學運之後，這裡陸續舉辦了許多議題式講座和座談會，吸引到想要改變地方，有理想的年輕人前來參與。「318之後有很多返鄉青年，加上基隆當時也有一些議題發生，像是基隆港西2、3號碼頭倉庫的去留問題，他們慢慢開始關注家鄉的公共事務，因為如果自己不參與，命運將會掌握在別人手中。」田美子回想。

是時勢塑造環境，環境也敞開心胸，形成某種相互吸引的磁力，金豆咖啡因此成為各路青年第一時間想到的聚會所。田美子

金豆咖啡老闆娘田美子（中），是串起陳嫻儒、李奕緯、黃韋智、何昱泓、鄭詩怡、戴瑞儀（由左至右）的靈魂人物。

從低調的入口進入，經過貼滿藝文海報的窄梯，就會抵達懸掛有多幅畫作的二樓空間。

認為，「可能當時基隆的展演空間不多，我沒有特別做些什麼，很多事都是因為網路串聯，一切都很自然的發生，在這，他們也能遇見各式各樣有趣的人，某種程度是一個資訊交流站。」

七年前，讀碩士班時加入「基隆市生活記憶保存協會」（已解散）的何昱泓，就是318後第一批接觸金豆咖啡的年輕人。文史背景的他，也是「故事：寫給所有人的歷史」平台的成員，很早就開始基隆地方的文史導覽工作。他指出，「基隆很小，彼此間都會互相認識，2014年後，陸續出現『雨都漫步』、『雞籠霧雨』等文史團體，雖然各自屬於不同組織，但活動都會彼此協助。當時沒有比較大的場地，地點也便利，所以大家都會辦在金豆。」也因此，團體之間越來越熟，知道各自擅長的項目，有什麼事就會互相抓人幫忙。

一起在社區做點好玩的事

長年和一群年輕人（團體）相處，田美子心中想做的「好玩的事」也逐漸清晰。

今年秋天，她串聯了「回基隆」、「無用學堂」、「雨島人」等在地青年團體，共同舉辦「中元涼伴，回家吃飯 a.k.a 基隆普度後辦桌吃起來」大型活動（以下簡稱辦桌），原本的概念是要讓人們在中

山路的街區露天吃飯，後來因為疫情關係，移往「慶安宮」廟埕舉辦。說是幕後藏鏡人，田美子更身兼活動策劃和串聯者的靈魂人物，在她找來的這群年輕人心中，善於關心每個人想法的她，是能藉由「閒聊」讓事情發生的「美子姊」。

過去在高雄甲仙做社區工作的鄭詩怡，兩年前決定要「定下來」，因而返鄉成立了號稱心靈耍廢空間的「無用學堂」，將推廣地方的經驗帶回基隆。她以吃飯、手作、分享、課程、表演、遊戲等形式，打造「無用」這個串聯起人與人之間、不帶商業性質的交流平台。

「吃飯是一件最放鬆，最不帶目的性的聊天。」鄭詩怡說，她某次和田美子吃飯，無意間成了最早被「串聯」起的「辦桌」成員。對她來說，基隆的組織大部分都在獨立運作，「美子姊把大家集合在一起，一起做一件事情，更能夠看見能量，如果是從社區工作的角度來看，這是一件很好的事情，這次的合作也讓我跟社區變得更緊密。」

是充電站，也是跨組織活動的串聯平台

2012年起開始推廣基隆文化，透過線上和線下強化地方共鳴感的社群平台「回基隆」，創辦人戴瑞儀和李奕緯就是金豆咖啡出沒的常客。他們一位有正職，一位是接案者，金豆除了是行動辦公室，也是他們下班後、回家前的中繼（充電）站。

「基隆咖啡店密度很高，回基隆上班之後，因為喜歡喝咖啡會到處跑來跑去，後來發現金豆有很不一樣的活力和氛圍。主要還是在於跟你的頻率相不相近，這裡讓我感覺很願意去接受各種新的

「回基隆」的戴瑞儀和李奕緯兩人認為，金豆咖啡是下班後、回家前的充電站。

可能性。」戴瑞儀指出，「回基隆」是兩位創辦人共同「有機」運作的平台，金豆咖啡對各項事務的包容，他覺得和「回基隆」的「磁場很合」，到這也認識了特質與目標相近的朋友，能隨時激盪出新的想法，「『辦桌』就是在這樣的行為模式下產生，也是不在我們預期內的一項合作。」

「因為這裡是很有包容性的場域，總會接收到各種口頭或想法上的支持，我們也會跟美子姊聊，不說她也會主動關心，無形之中也將我們的想法推動出去。」李奕緯補充，年初時，「回基隆」想辦一場以「春酒」為名的「人脈網絡」活動，原本兩人動力不大，但在金豆的夥伴和田美子的鼓勵下，最後辦成。

狹長的咖啡店空間，展出「基隆再造歷史計畫」海報圖文展，遠處則是讓田美子一見傾心的落地窗台。

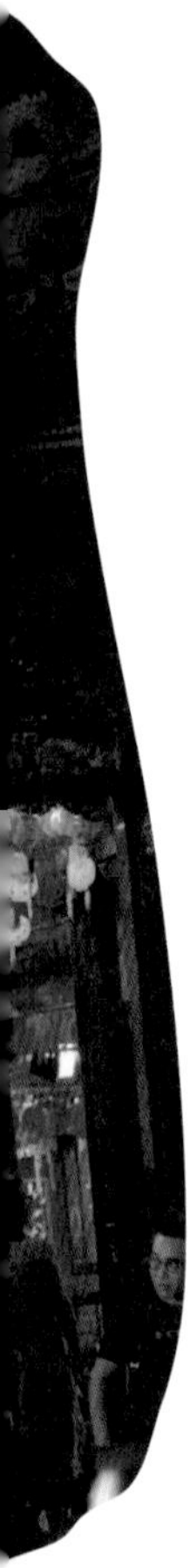

至於「回基隆」為什麼會被串聯一起「辦桌」？戴瑞儀說，「基隆只要是你叫得出名字的組織，都會在金豆出現，這裡匯集著某種可能性，有什麼活動我們也會彼此互相幫忙宣傳。」因為「辦桌」的規模比一般活動來得大，小組織很難獨立扛下，「剛好因為美子姊發起，所以可以說我們是在她的半推半拉半強迫（推坑之意）之下一起完成。」語畢哄堂大笑，從咖啡店另一端傳來田美子的抗議聲。

這裡聚集著一群很棒的年輕人

當然，不只有跨組織的串聯，「辦桌」成員之一陳嫻儒就是個自由自在的獨立接案者。過去曾是地方旅行規劃和活動企劃的她表示，「以往辦活動都是一次性的工作，非常消耗，很沒有扎根的感覺。」一年多前，她從花蓮回到基隆，在「無用學堂」草創期曾短暫加入一段時間，接著又參與了「辦桌」，負責整個活動「細流」規劃，玩的非常開心。對於在金豆發生的這一切串聯，她笑著說，「有一群人可以一起玩，一起讓某個事件發生，認識了很多人，我很開心！」而三年前返回基隆，「雨島人」代表黃韋智（查德）因為想開旅店，成立了專門寫基隆生活與文化的社群平台。有建築師背景的他，也是「星濱山-正濱港町藝術共創」的夥伴之一，因為阿嬤家正好在金豆咖啡對面，被田美子「抓來」幫忙「辦桌」的空間和視覺設計。對此查德表示，「這

由成員策劃的「中元涼伴，回家吃飯 a.k.a 基隆普度後辦桌吃起來」活動，在基隆中元祭時，呼朋引伴，邀請眾人一起「回家吃飯」。

「辦桌」成員各司其職，成功舉辦第一屆「中元涼伴，回家吃飯」，希望是個具有延續性的活動。

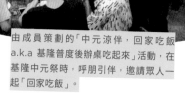

因疫情關係「中元涼伴，回家吃飯」從原本計畫的中山街區移往慶安宮舉辦，除了「辦桌」現場還有音樂表演。

件事對我來說很新，我喜歡藝術介入社區的事，金豆對我來說就是聚集著一群很棒的年輕人，經常討論很棒的事。」

「日本有推廣所謂的社區咖啡館，金豆剛好就長這樣，而且還是以年輕人為主的咖啡館，非常特別。平常我們在各自崗位獨立運作，但要推動什麼事情又能合體，這應該是這時代新的合作模式。」鄭詩怡說。

整晚在吧檯進出忙碌的田美子，對於自身經營的空間，能成為在地組織或社區工作者的據點，為此下了一個結論，「這些年輕人讓基隆更有生命力，金豆匯流了很多基隆或不是基隆的人，剛好大家會有一些串聯，我想這裡是入口也是出口。」

OTHER BASES

DATA

基隆市仁愛區孝四路 7 號
11：00 ～ 01：00

三姊妹熱炒店

位在孝三商圈橋邊的騎樓底下，沒有招牌，只要是基隆人都知道的在地平價熱炒名店。早期是勞動階層吃飯的地方，能看到最完整的基隆在地風情。店內的食物好吃便宜又很新鮮，其中以各式炸物和新鮮海產最有名，因此被戲稱為基隆的西班牙小酒館。田美子說，只要是在地組織的青年一定都會去吃喝，不管是招待外地朋友、討論工作、一般聚會，或是慶功宴都會選擇在那舉辦。成員會一起前往吃飯，老闆待客親切，只要有吃過的人就一定會介紹客人去吃，東西已經很便宜，所以不用白目要求莎必思（sa-bì-sù，優待）。

艾克猴 THE ALCOHOL BAR

位在慶安宮附近的隱藏暗巷之中，外觀非常神祕，艾克猴是基隆唯一一家專業威士忌酒吧，酒很厲害，沒有酒單，想喝什麼老闆都能調出來，只要跟他說喜歡什麼樣的口感就可以。對於喜愛品酒的人，這裡的專業程度可以說達到不可思議的程度。

田美子說，通常成員來到這一站時，要討論的公事應該也沒有那麼多了，純粹就只是想要喝酒、想要放鬆而已。雖然金豆咖啡也有酒，常客也會在這寄酒，但對真正想喝酒的人，田美子都會叫他們去艾克猴喝。

基隆市仁愛區忠一路3巷23號
02-2425-2795
週一到週四20：00～01：00
週五到週六19：00～02：00
週日19：00～01：00

無用學堂

名稱取自「無用之用、是為大用」，深受老莊思想影響的無用學堂創辦人鄭詩怡，她解釋樹之所以能長成大樹，乃是因為一般人覺得其彎曲無用才被保留下來，這和推動文化和地方有著類似的道理。她也戲稱，來這處寄託心靈的場域就是要放空耍廢，才叫無用。

空間內約可容納十多人，除了對外，她也常邀請地方組織和團體前來吃飯交流，特色是無菜單料理，其中以蔬食和咖哩為主。而當時「辦桌」成員的開會場所，除了金豆咖啡，很多時候也會在這裡舉行。

基隆市仁愛區孝三路30巷18號1樓
僅活動期間開放

有酒有黑白切 有時還有魚刺客

文字—謝欣珈
攝影—許翰殷

亭仔腳的一桌桌酒客，配著海產黑白切大聲喧譁，是尋常的台灣風景；但穿插在菸酒中的話語是嚴肅的藝術辯論、林立在杯盤間的是議論社會環境的藝術作品，這是高雄市「全津海產切仔担」獨有的景象。酒酣耳熱之際，對藝術的針砭與觀點，如港邊的浪花不斷襲來，這裡是催生許多具有生猛力道的藝術家與藝術創作的尋常海產店。

高雄

SECRET BA
KA

頻率：至少一個月一次
地點：固定在全津海產切仔担
可能成員：魚刺客成員、其他藝術家、藝評者、策展人等
聚會目的：藝術議題討論、作品評論
花費時間：不會低於四小時
聚會形式：成員通常在吃完晚飯後，才來到全津。邊吃黑白切邊喝酒聊天，通常都是隨興地各聊各的，若有大家都有興趣或需要一起討論的議題，才會全部一起聊。等聊天聊到一個段落，才開始評圖
必備餐飲：醃蚶仔、台灣啤酒

GET TOGETHER INFO

今晚是藝術團體「魚刺客」例行的聚會。一樣是亭仔腳的長桌，盡頭的大位放著一副碗筷和一杯啤酒等著，這是2019年因病過世的「爐主」李俊賢的位置。

2004年，李俊賢時任高雄市立美術館館長，常常把各種不同領域的藝術家和外賓帶來這裡，理由除了離家近，喝醉了可以直接走路回家之外，而且新鮮好吃，還能體驗海港的在地氛圍。「而且頭家(thâu-ke，老闆)很知道我們，也很理解我們。」魚刺客的經理人林昀範說有時候老闆忙到一個段落，也會自己拎一瓶酒聽大家聊天，甚至提出自己的見解；天冷的時候會突然端出火爐，上面燒著魚湯要給大家吃，貼心又暖胃，怎能不愛。

「那時候一週五次都有，講到老闆要回家，把鐵門拉下來，我們就在亭仔腳講到天亮。有人一時興起就會開始唱歌，還有人會帶作品來給大家看！」現任會長陳彥名，講到當時大家對藝術的熱情與無拘無束，興奮都寫在臉上。

用創作，當一根如鯁在喉的刺

2010年聚會模式漸漸形成，藝術家們便想要有一個宣言，剛好全津海產店有一道很台灣的「魚翅羹」料理，魚翅音同魚刺，大家商討著不如當一根刺，讓不負責任、滿口空話、不顧公共利益的政治人物如鯁在喉，「魚刺客」組織名稱就此確立。從那時候開始，任何來到全津海產店的藝術家，都可算是魚刺客的一員。

2014年李俊賢覺得藝術家最厲害的武器還是創作，說了這麼多、這麼久，不如用藝術創作讓「刺」更加具體。於是，他挑選了來自嘉義、高雄、屏東、花蓮、台東等地的十幾名藝術家，成立重裝版的魚刺客，以一直以來不被重視的海洋議題為主，在

長桌盡頭的空位，是留給爐主李俊賢的專屬座位。

全津有少見的海產黑白切，量多、新鮮還能調整份量。

各地踏查、進入社會實境付出行動。自2015年推出第一檔展覽──「海島・海民：打狗魚刺客海島系列－旗津故事」，就以海與港延伸出的歷史、文化、環境、生活等議題，轉化為尖銳的藝術作品，刺出反思的空間。

「批判觀點，是『魚刺客』開始聚集就有的，當山地人和海口

藝術家藉酒談天說地，氣氛輕鬆但議題嚴肅。

人聚在一起，沒有批判觀點，那不是過度天真，就是和社會脫節」，展覽摺頁上李俊賢鏗鏘有力地介紹魚刺客。接下來，無論是跳躍龜山島、蘭嶼、菲律賓巴丹島、火燒島（綠島）的「龜蘭巴火」踏查計畫；或是在台灣北中南舉行的展覽計畫，魚刺客「以海洋為主軸、以身體感的繪畫勞動來提出他們的藝術主張」（出自2018年「輪轉．海陸拼盤」台中計畫策展人李思賢），相對於台北的「悍圖社」，補足了台灣當代藝術中相對缺乏、具有台灣文化特色的南方觀點。

痛快評圖、真實論述

呷一口酒、挾一粒醃蚶仔（ham-á，文蛤），也是早期就開始參與的林純用回想起以往的聚會，「來的人也不一定是藝術家，也有行船的朋友、海巡署的刑警，都是和台灣這塊土地相關的，透過這種場合聊天交流，可以彌補很多知識與人生經驗的不足。」甚至得以從中獲得靈感，突破創作瓶頸。近期剛結束台南新作展覽的攝影藝術家楊順發則是最喜歡「可以一直聊藝術，一直一直聊，那種開心的感覺。」

聚會的另一個重頭戲是「評圖」，指的是把作品陳列出來、供大家批評指教。不像學院裡的嚴肅、莊嚴，「在海產店評圖，是很接地氣、很庄腳的感覺。大家很隨興的拿圖出來講，要攻擊就攻擊，要講好話就講好話，很真

評圖的時候大家都看得很仔細，有話直說。

藝術家有問必答，對於創作技法與理念毫不藏私。

有時聚會，魚刺客也會邀請其他藝術相關團隊一起參與。

實。那時候我會覺得這個世界上的藝術家都連在一起了，就是一種力量與能量，會覺得很放鬆，找到知音。」綽號阿殘的王國仁，是李俊賢找來、最後一位加入魚刺客的藝術家。

王國仁視爐主為偶像，直說「那時候都會用追女友的方法去接近他，打聽他在哪裡，然後出現在他面前，讓他對我有印象。」也許是招數奏效，以及作品令人驚豔，2017年底爐主參觀完他的工作室之後邀請他加入魚刺客，「足爽欸！」他握拳大叫，加上重音的爽字可見激動。

另一位受寵若驚的藝術家是何佳真。在2014年受邀加入魚刺客之前多創作平面作品，以女性議題為主。「朋友告訴我，我在新浜碼頭藝術空間展覽的時候爐主有去看，我覺得很感動，他是大人物，會注意到我們這種默默無名的小咖。但要揪我去魚刺客的時候，第一我驚恐，第二我想說我進去要做什麼？海洋議題好像跟我的作品離很遠。」

不過當她一起參與旗津踏查時，女性議題的雷達開啟，關注到二十五淑女墓（勞動女性紀念公園），開始延伸探討經濟起飛時期女性勞工的犧牲，她才明白「人在環境當中，創作會自然產生」，於是不再畫地自限，打開眼界，連結更廣更全面的環境、社會、歷史議題。創作上也開始拿起鐵鎚、電鑽，從平面長成立體，展開更多可能性。

攝影藝術家楊順發與洪政任

郭爸（左）是爐主好友，也是魚刺客的贊助者。

2019 在台灣當代一年展展出的大型展覽「嘯湧」。（圖片提供／魚刺客）
魚刺客成員作品多有超現實感，凸顯現實之荒謬。（圖片提供／魚刺客）

也受惠於此，「在這裡我可以接觸到繪畫的、裝置的、雕塑的、或是策展人、評論家，通通都有，可以擴展我的視野與思維，打破我的習慣領域，用不同的角度切入。連技術都不會藏私，雕塑就會說你這個還可以怎麼弄，可以學得很廣泛。」靦腆的洪政任則微笑的說，「會更骨力（kut-lat，努力）做作品。大家互相批評指教比較有動力，遇到回答不出來的，就會想辦法去解決問題。」

不只是藝術創作，而是衝撞運動

「我們不只是一個團體，更傾向運動，在短時間內密集地用生命經驗、創作經驗交換，而不是聯展交換名片而已，我覺得這是

2019年在嘉義展出的「破浪—海洋移地的軌跡」展覽畫作。（圖片提供／魚刺客）

將焦點放在海洋、海島文化，是魚刺客最初的關懷。（攝影／吳欣穎）

魚刺客LOGO，訴求冷不防地刺穿表象，引起大眾討論。（攝影／吳欣穎）

在台灣很特別的模式。」陳彥名強調，「要尊重這個土地，要知道我們從哪裡來。先有海才有陸地、先有人才有政治。台灣是一個海島，我們被海包圍卻很少討論。」

爐主的位子空了，海產店的桌上一幅幅有著創作力道的作品依舊展開，關注島嶼與海洋的精神，還會持續下去。

全津海產切仔担

MAIN BASE

店內特色是料理大又鮮，吃起來生猛過癮，必點菜色「醃蚶仔」也是為了大顆吃起來過癮，才不選一般常見的蜊仔。野生海菜則是從屏東採集來，其他如鮭魚、軟絲、扇貝等等，無一不是彭湃的長相。

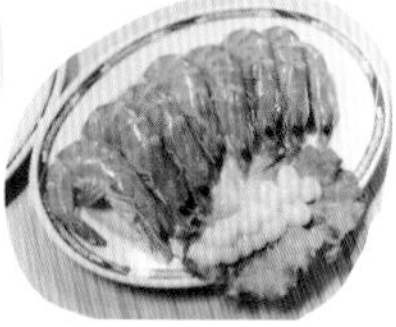

左營辦桌起家的黃水和師傅，分家傳給兒子時，一個繼續傳承辦桌事業，另一個來到高雄市，帶來辦桌的魚翅羹，和少見的海產黑白切；他就是從1993年開業至今、全津海產現任老闆黃頌洲的父親。

魚刺客在此聚會多年，老闆早已和李俊賢及成員形同朋友，看他們在店內評圖，有時還帶外國人來，覺得非常「心適」(sim-sik，有趣)，也為李俊賢不嫌棄老店而開心。不過，偶爾當李俊賢帶了60、70個人來塞在這間小店，怕對其他常客不好意思，還是會請他們下次再來。

DATA

高雄市三民區十全二路69號
07-322-2822
10：30～22：30

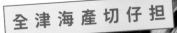

OTHER BASES

本頁圖片提供／魚刺客

建軍跨域基地藝術村

原是高雄的公共汽車管理處，停用後便一直閒置，五年前由「南風劇團」團長陳姿仰承租，整理整修之後，定位為原創藝術家的工作空間基地，希望能提供給藝術家們創作與交流的地方。目前有十幾位藝術家或團體進駐，其中魚刺客成員：林純用、陳彥名、何佳真、王國仁的工作室都在這裡。基地內每位藝術家風格各異，辨識度極高，進入其中就像走入多人的內心世界；為讓藝術家有良好的創作環境，除了預約看展或是上課、排練，平時不對外開放。

高雄市苓雅區建軍路2號
07-740-6753
不開放，僅接受預約看展

白屋 BYWOOD

一棵巨大的榕樹、幾幢全白的屋子，前身是橋頭糖廠日式招待所的白屋，2008年修復、重建為藝術展覽空間，以季節性的檔期邀請國內外的藝術家進駐、創作，並開設工作坊與民眾互動。目前也是國內唯一以「藝術與生態」通過認證的場所，利用藝術作為認識生態的途徑，讓小朋友更容易與大自然融為一體。與魚刺客成員有頻繁互動的白屋團隊，除了工作合作之餘，內部聚會也會相互參加；如在全津的固定聚會，白屋的藝術家與經營者也會一起參與。

高雄市橋頭區興糖路4巷1號
（橋仔頭糖廠藝術村內）
07-611-1350
需電話預約

從一個阿西夢 到阿西們聚眾向前行

文字—李佳芳
攝影—施清元

隱身在住宅巷仔底的「島的日常」，在雲林文青圈被嬉稱為「虎尾首席」的藝廊，呈現了雲林長年瀕絕的小店品種，也是策動「雲林100種生活」論壇的非正式組織「雲林深耕派對」出沒的秘密基地——打開門瞬間，12隻眼睛目光射來，短暫停止的笑虧馬上又哄堂起來，有人講事，有人講笑話，胡鬧裡有正經，這場子不得了，誰說雲林只有老農，還有很多年輕人出沒值得注意！

雲林

GET TOGETHER INFO

頻率：不固定，想聊就聊，太忙就線上聚
地點：不固定，會輪流在不同成員的店或空間舉行
可能成員：「島的日常」陳明君和施合峰、「自然生活工坊」劉志謙、「御鼎興黑豆醬油」謝宜哲、雲林縣議員廖郁賢助理傅銘偉、「所在工作室」周佳盈，共五個單位六個人
聚會目的：剛開始是為了讓年輕人有互相認識、交流的機會，現在則共同策劃「雲林100種生活」論壇
花費時間：至少2小時（通常在晚上7點至10點，因為孩子吃飽不吵了）
聚會形式：混在一起瞎聊，剛開始有會議記錄，現在已放棄記錄
必備餐飲：東道主自己決定，曾出現過甜點、咖啡、農產品、豆乾、布丁或神秘私釀……

時常游擊各小店的雲林深耕派對，是由雲林地方工作者互串，沒有登記在案的小聚活動，其核心成員有「島的日常」創辦人夫婦施合峰與陳明君、主持「自然生活工坊」的劉志謙、「御鼎興黑豆醬油」的第三代謝宜哲（阿哲）、雲林縣議員廖郁賢的助理傅銘偉（小花），以及「所在工作室」的周佳盈，這五個單位的六人小團體用下線拉下線模式尋找感覺合拍的同好，如今群組已揪結了十多人，成了雲林地方非黨非派、非宮非廟的清新勢力。

從素不相識到聚眾滋事，雲林深耕派對的這群人各具有不同背景，有人是返鄉青年、有人是新移居者，而有的則是從事傳產、新創或政治工作，他們原是彼此不相干的人，卻因打拚路上孤單寂寞覺得冷，才意外湊在一塊兒。未料，取暖太過用力，不小心擦出星火，在雲林燎出一場又一場的熱血論壇。

東市場撞到失敗，卻揀到小聚

為籌備一月一會的講座活動，六人小組難得召開實體會議，今日約在島的日常碰面，空間主人合峰與明君忙著沖咖啡、烤蛋糕，其餘人則自在用筆電、滑手機、吃早餐，在你一言我一語的互虧之下，地方八卦與公眾議題也同步釋放，置身複雜又音量不小的情報交換中心，短短十分鐘時間的在地浸潤，便覺自己好像也略懂略懂。

講起雲林深耕派對的起頭，御鼎興的阿哲未逼問先招供，「我從小就是個很戀家的小孩……我一直都住在雲林，卻不知為何鄉愁很重，也覺得家鄉不認同自己……」所有雲林孩子都有相同宿命，年少時期必有一段漫長的異地求學生活，但阿哲卻不像雲林小孩慶幸遠離家鄉可以遠離農事，他寧願每週末趕公車回家，乃至當完兵也沒考慮上班，就直接回家和哥哥一起釀醬油。

2007年，他見螺陽文教基金會發起活化西螺東市場的運動，他也抱著滿腹理想去申請進駐，想開一個年輕人的聚落空間，而他把這個空間取名叫「阿西」（a-se），用台語講就是「呆瓜」的意思。果不其然，這個空

忙著討論的同時，這邊蛋糕烤好，氣氛伴隨甜香也越來越熱絡。

間沒有成功。

在這群人中，阿哲的家鄉意識是最早覺醒的，但他也因為衝得太早太快，所以很快就撞到失敗。他說「我本來是想當一個肥皂……」語未畢就一陣哄堂，合峰笑鬧著他說「我看你是被人拿去做肥料吧，還肥皂咧！」（暗指雲林地方勢力強悍，長期霸佔資源不容瓜分）談過往，阿哲很淡然，不見以前腦袋發熱的憤世嫉俗，天真褪去卻更見理想，如砂金在河流熠熠發光，煉成了今日小聚的現場。

玻璃門輕輕寫上幾字，島的日常藏在民宅中很低調。

鹿角蕨、多肉、珍稀植物，是施合峰最近養成的「不良」嗜好。

即便後來新增飲食服務，展覽區仍是島的日常重點空間。

一月一次的實體聚會，在成員各自開的小店裡流浪舉辦。

不久的將來，阿哲遇到了在廖郁賢議員服務處當助理的小花，「有次議員聊到想了解年輕團體，小花講到阿西的事，大家覺得很有意思，想到可以辦個活動促成年輕人交流，於是有了今年的第一場青年論壇。」論壇結束，阿哲與小花覺得意猶未盡，才又自行延伸成了雲林深耕派對。

聚的必要，是親臨現場的參與

說到底小花並非雲林人，他是不折不扣的台北人，又是台南藝術大學音像紀錄研究所畢業，照理說應是渾身散發文青底氣的都市人。「我會選擇下鄉全是先前工作受到太多創傷，那時不管三七二十一離開都市，到鄉下應徵一個薪水兩萬八的工作，搭統聯客運到崙背站下車的感覺像是逃來的。」

棄離NGO組織工作，小花在社區基層從頭來過，在參與貓兒干村（豐榮村）社造期間，不知不覺被農村給療癒了。「我自覺雲林是個不可多得的好地方，但很妙的是，一路遇到的地方長輩卻很不解，為何好好一個台北人要來鄉下？」可能是雲林人沒有自信吧，小花猜測，其他成員臉上出現的複雜表情，說明了雲林人長久以來壓抑的悶。「我以前不覺得雲林會有有趣的年輕人欸！」小花無敵認同地點頭，連他自己也沒想到可以把政治工作做得開心又舒服。

同樣也因為非營利組織來到

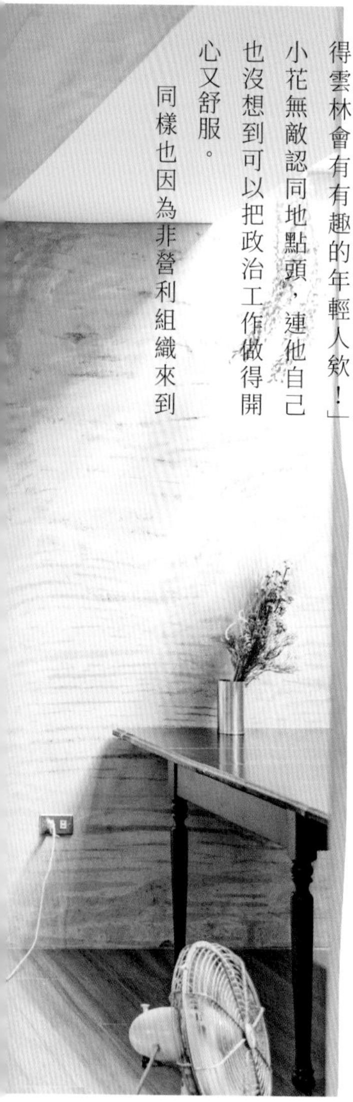

書、唱片、相機混合陳列，是私物也可共享，有看到喜歡也能談個交易。

雲林的佳盈，本身是高雄人，她參加「為台灣而教」（Teach for Taiwan，簡稱 TFT）來到大埤鄉的仁和國小，並在兩年計劃結束後選擇留下，與另外一位夥伴組成所在工作室，發起校際串聯的教育計劃。以外地人眼光看雲林，她深有所感，「在四年級的家鄉課上，可以發現很多觀點都是從都市角度去看，而雲林往往都是被一筆帶過，甚至我在參與校本課程時，才驚覺自己有多仰賴網路資料，上面寫的大埤是刻板印象，與我所在的大埤完全不同！」

當鄉土課看不見家鄉，孩子怎麼介紹自己的出生地，又怎麼會對它感到自信？一連串的提問，使得佳盈離開電腦，開始走

島的日常一隅，裝修時用的木工桌，現在變成大夥的會議桌。

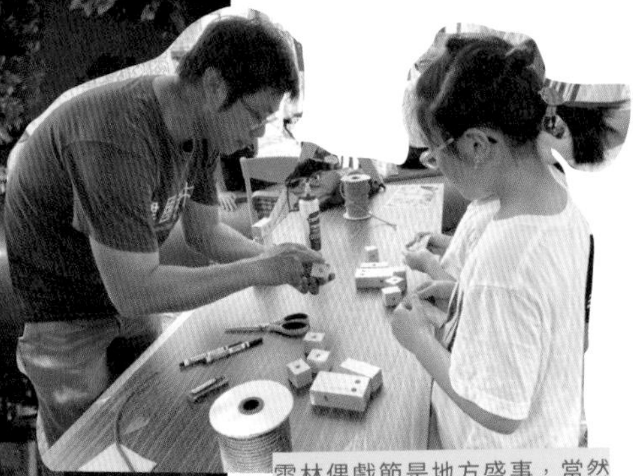

雲林偶戲節是地方盛事，當然少不了DIY活動。（圖片提供／劉志謙）

入現場，「文化調查有時就是騎著摩托車跑一趟這麼簡單的事。」在她看來，小聚也是一種現場，打開一扇參與的門。

放下神秘，打開交流大門

在群體中年紀最接近大叔的合峰也非常認同。他與太太明君都是雲林孩子，卻長期在高雄與台南生活，直到考慮高房價與孩子的成長環境，才狠下心決定回來雲林。「我以前從沒開過店，回來會想創業，是因為覺得這是最快向在地人介紹自己的方式。」兩人把自家老房子整理，開了間「沒有人敢進來」的店，合峰解釋，島的日常最初並不是這樣的，沒有咖啡與蛋糕，純粹只有展覽，「神秘到鄉親都會怕，沒有勇氣推我的這扇門。」

合峰苦笑自己沒想那麼多，但確實很希望可以介紹藝術，直到真正開始接觸在地人之後，兩人才慢慢調整店的狀態，把冷酷異境唱成路邊一棵榕樹下，想做的事才有辦法施展開來。合峰老實講，自己以前是完全不會思考地方事務的人，直到接觸大家才意識到這些事情，「最重要是他們把有意義的事情弄得很好玩，這才是吸引人想參加的關鍵。」

對於合峰所說，志謙非常懂。苗栗三義人的他，是虎尾科技大學畢業後選擇留下創業的異類。他從第一間公司「自然生活工坊」創立至今，已在雲林耕耘了十年之久，而三年多前又為了

在建國眷村草皮區舉辦的「免廢市集」，連小朋友都能自主參與。（圖片提供／劉志謙）

露天電影院，是支持劉志謙能繼續在地方推動事務的同溫層活動之一。（圖片提供／劉志謙）

保留虎尾建國眷村，成立「前進工作站」發起前期保存工作。長期在公部門之間斡旋，志謙太了解保存運動需要有公眾的力量去轉動，青年表達公眾事務的聲音也顯得格外重要。

充電陪伴感，讓阿西有影分身

「我們也常常被很多人質疑，你又不是眷村人怎麼可以替眷村發聲？但我們的任務不是完全恢復眷村，而是去轉化文化歷史，把過去生活疊合到未來世代，使空間產生繼續被使用的意義……」這段話志謙說得很流暢，想必是一次又一次向不同單位闡述過了。那會不會覺得累？他說當然，旋即又用開朗語氣說「所以我也辦了很多同溫層活動喔！」

忍不住又嘆口氣，志謙自虐自娛「這就是二八法則吧？為了兩成的理想，你得花八成力氣去做不喜歡的事。」也幸好，有雲林深耕派對撐著他，「一定會有非議或潑冷水的時候，但大家都有類似背景或經歷，小聚給我『被陪伴的感覺』，對我來說是一種充電。」

能遇到想法相同的朋友，就不會覺得那麼孤獨或是慌張吧。阿哲說得真切，不一會兒又笑嘻嘻，「我對阿西的夢還沒有結束……」只是從一個阿西，現在又多了好幾個阿西，大家一塊兒傻勁向前行。

PERSONAL BASES

三指咖啡館

我需要充電時會一個人去的地方

覺得需要充電的時候，不是手機那種充電(笑)，我就會一個人去三指咖啡館。三指咖啡館的老闆是個很有靈魂的人，和他聊天可以得到很多能量，我覺得他是西螺東市場的燈塔。他是一種陪伴，不是一種答案，可以把你照亮。

但他也是個非常做自己的人，咖啡館常常臨時休息，或是興致來開餐車外賣，所以我不敢保證可以吃到他的奶油焗烤義大利麵，有時是今天剛好煮了什麼就給吃什麼，但我覺得這都無所謂，來這裡最重要的是與老闆聊天。

御鼎興第三代製醬人

謝宜哲

MR. LOBBY COFFEE ROASTER、阿義廚房

喜歡有溫度感和不被干擾的空間

新認識朋友或是約人開會的時候，我喜歡去Mr. Lobby Coffee Roaster，那裡除了舒服愜意之外，老闆Lobby的經營理念也很不同，他為了讓人更自在的欣賞自己的咖啡，接受自帶外食、偶爾也分享食物，我覺得很有溫度感。

私人性質聚會我則喜歡在阿義廚房，那是雲林少數的預約制餐廳，也可以算是私廚，額滿四人以上才可預約，一人500元就能吃到很棒的菜餚，是個可以放心享受食物與聊天的地方，不用擔心被干擾。

雲林縣議員廖郁賢助理

傅銘偉

(圖片提供／傅銘偉)

自然生活工坊、建國眷村

自然生活工坊是我們自己創立的空間，是辦公室也是木工坊，我若不在建國眷村的時候就是在這兒。自然生活工坊有點像廟口前的榕樹下，常有朋友時不時來坐一下，冰箱常備啤酒可以自己拿（冰啤酒在雲林太重要了）！

我很喜歡這樣的空間氛圍，也努力把它移植到眷村裡；而隔壁的撲鼻是我新邀請進駐的店家，那是個只有三張桌子的小冰店，平時生意清淡悠哉，我也喜歡帶朋友去公關。需要獨處的時候，我會去眷村勞作，撿垃圾、鋸樹、除草等，弄一弄會覺得心靈很放空、很淨化。

需要獨處時，我會去眷村勞作

自然生活工坊創辦人

劉志謙

島的日常二樓與頂樓陽台

島的日常創辦人

施合峰

上樓喘口氣，確認自己的狀態

島的日常一樓是對外開放的藝廊與咖啡館，二樓以上算是我們自己的居住空間，我從搬回雲林之後就開始有「植物控」的傾向。

先在二樓陽台捻花惹草，現在範圍漸漸擴大到屋頂，種了龍舌蘭、鹿角蕨、多肉等等，最近還多了珍稀植物區（向太太宣稱我買的很便宜）。我喜歡植物創造出來的生活風格，每天下午必定會上屋頂看看，有時半夜也會帶著飲料躲到上面去，坐個20分鐘喘口氣，看看它們好不好，也順便確認自己的狀態。

兔子的窩、後院咖啡

需要獨處時刻的放鬆儀式

我和合峰無論生活或是工作都是兩人相處，久了偶爾也需要獨處時刻，所以我們從以前在高雄生活就有個習慣，把去喜歡的咖啡館當成一種放鬆儀式。

在虎尾，我常去兔子的窩與後院咖啡，兔子的窩是一家有理念的自烘店，當想喝杯好咖啡又懶得動手時，就會去那邊補充咖啡因；而後院咖啡則是空間很獨立，比起街上咖啡館來得寬敞，又有種了很多植物的院子，白天很適合在這裡做自己的事，晚上這裡的燈光較暗，點一杯濃度夠的調酒，可以好好享受不被打擾的發呆時間。

島的日常創辦人

陳明君

（圖片提供／兔子的窩）

（圖片提供／想想食堂）

想想食室、兔子的窩

喜歡被老闆當成朋友對待

想想食室是個動物友善空間，養了親人的貓咪，也常邀請朋友或常客參加節日活動，家人或朋友來雲林找我時會約在這裡。除了氣氛溫馨之外，供應食物種類也不少，尤其水果塔通常可以收服大家的心。

如果是自己一個人要備課工作，我喜歡去兔子的窩（也是有貓咪的店），他的手沖自烘咖啡非常好喝之外，你只要去過幾次就會被老闆當成朋友對待，有時候多煮咖啡會分你一份，曾有一晚喝到四、五杯的紀錄，甚至點到可遇不可求的隱藏版愛爾蘭咖啡。

所在工作室創辦人

周佳盈

木的定位 起點

IN THE PLACE

離開高雄前去了一趟柴山，在那裡看了看海上的船，就在準備投幣時才發現，原來望遠鏡早就故障了。記得有人說過港口是世界的起點，而我正看著世界的起點，卻哪都去不了。

高雄・柴山

東西向快速道路像是一扇離開現實的門，下了交流道往山裡駛去，想要找個平台睡個沉沉的覺，以為可以把世界全忘掉。想像著眼前是南洋風情，放眼望去全是椰子樹，只是樹枝上的鳥，卻怎麼樣也無法飛起。

雲林．古坑

以為可以逃離

記憶只剩下那場落在車窗上的無聲細雨，雨中漫起的霧，還有堤防上動也不動的那群鹿。不大記得確切的情境或者心情，反正人總是這樣，只會相信自己想要相信的，只能記住自己想要記住的。

台東．比西里岸

記住和相信

明與亮之間的黑

隧道裡沒有日照，溫度降得很快，一走進去冷風迎面吹來，除了風聲和腳底踩著礫石的回聲外，就只有自己的心跳聲。那時才發現，原來在兩個最明亮的出口之間，便是最黑暗的地方。

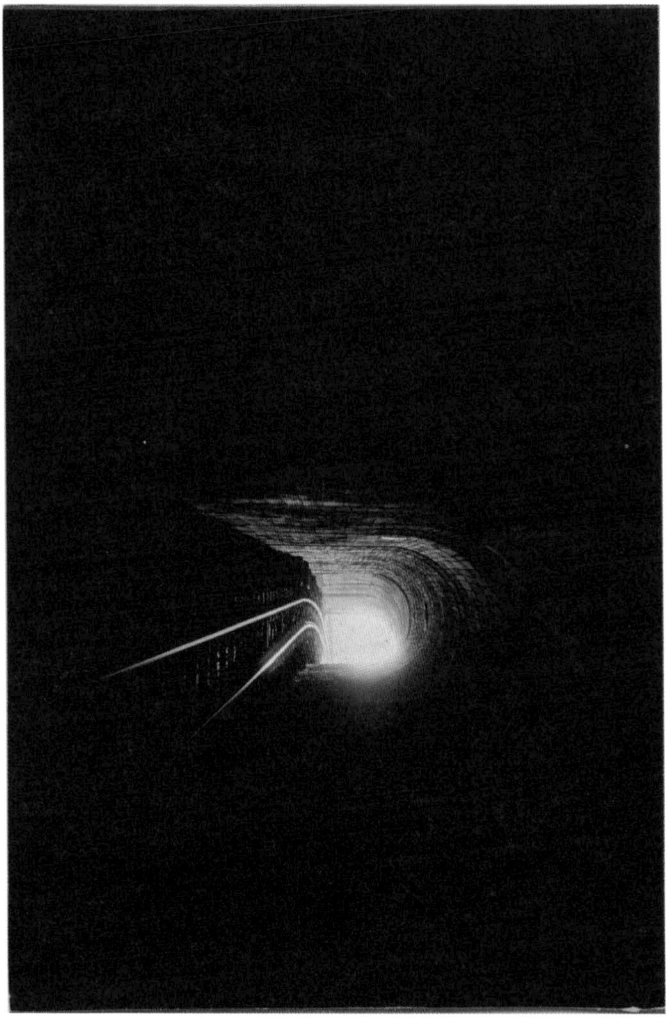

嘉義．獨立山

施合峰 雲林人，畢業於台南藝術大學音像紀錄所，長年居住於高雄，近年返鄉回到雲林，影像風格安靜沉穩，善於捕捉生活氛圍，現職為不自由影像工作者。

工業高雄風

楊順發 自1985年進入中鋼後，開始接觸攝影，之後創作不斷，擅長連結本土脈絡，以虛構、再造、合成的影像手法重構現實。

高雄・小港漁港

之前曾是大仁宮拆船廠，後來變成貨櫃場，中鋼、中油、台電等重工業都聚集在這裡，是一個極具「工業高雄」風味的據點。因為離家近，偶爾會因創作來找景取材，也喜歡帶朋友來感受這裡的氛圍。

歷史下的創作

古老軍事場地搖身變成在地的美術館，建於1967年，有適當的修繕，沒有過度的修飾，充滿歷史感的建築本身就是一件雅緻的作品，喜歡徒步其中感受這裡的創作與溫度。

高雄・金馬賓館

林昀範 美術系研究所出身，長年執行商業藝術展覽整合，並協助藝文空間與私人美術館典藏作品，現為獨立策展人和藝術經理人。

一日巡迴！

東勢青年組織出沒地

文字—劉宜瑾　攝影—陳建豪

在台中東勢，老年人是小鎮固定背景。他們在樹蔭下乘涼、在河堤旁聊天、拉著菜車籃到市場逛街，或是組成農園裡的千歲團，搭公車還可能看到老人們彼此互讓座位。走在東勢小鎮，轉角必定碰上老人家，想要有個年輕路人當背景還不是這麼容易。

東勢雖然是大台中最老的行政區，但這幾年陸續有青年回歸，也有人堅定駐守家鄉，他們各自以擅長領域組成團體，舉辦各式活動，藉此連結彼此。「先取暖，再破冰」，突破冰層的開口或許就在某個人身上，而據點成了同好互相慰藉的空間，也是打破阻隔的突破點。

這次透過「大茅埔調查團」團長吳哲銘帶路，深入走訪市區庄內據點，看各組織團隊如何實現他所說的，「只要大家不斷聚集交流，每一次都有成長，總有一天就會織成堅韌的網，為家鄉做更多的事情。」

（圖片提供／趙子維）

這裡五千雪山腳市集

PM 02:00

將團體與工作者串聯起來的東勢客家文化園區，是今年下半年開始、重要的空間節點。園區7月重新開幕，館內首檔展覽之一「東勢角」，就是集結在地農產品牌的初次嘗試。

東勢角品牌中的「銘雄堂有機農園」廖祥志與「振東柑園」趙子維，是青農也是回鄉青年。外地返鄉者因不熟悉地方運作，兩人都曾遭遇人際、資源關係等問題，又找不到人可以詢問。

為了打破孤立無援的狀態，就得走出去、認識朋友，兩人也因加入「東勢區產業文化發展協會」認識「果本山農」的孫偉佑，及「猛男農夫」的夫妻倆詹凱麟、秦子媛。背景相近的他們，自然聚在一起討論果園經營問題，還有返鄉時遇到的各式狀況。

除了農務產銷，從多次聚會長出來的，還有秦子媛正在推動的親子活動。她認為青農們串聯彼此資源，就能創造親近土地的親子活動。於是先從理念相近的青農家庭開始，逐步規劃小型親子活動，如饅頭DIY和彩繪蜂箱的嘗試，未來將串接成完整行程。

今年8月開始，他們也與協會中經常互動的夥伴，開辦「這裡五千雪山腳市集」，嘗試實現農物產銷和親子活動，以每週日開市的頻率，希望成為活絡在地、讓大家交流的聚集點。

青楓舞劇坊

PM 03:40

未到傍晚，黃昏市場已是車水人流，在市場附近、穿過傳統玩具店後方，一群孩童結束週間的日常學習，也正運用著放假時光，揮動手腳，搖擺身體，跳著自己喜歡的舞蹈。「青楓舞劇坊」這個聚集地，集結了喜歡藝術表演的人群。

「我非常、非常戀鄉，連家人都說我有戀鄉情節！」，團長黃瑋婕一開口就說出自身和家鄉的關係，儘管她必須在台北工作，仍每個週末回來看舞劇坊運作，關心學員狀況。因頻繁往返城市與鄉村兩地，很能體會到城鄉落差，東勢不僅資源有限，交通的不便利，都讓這裡能給孩子的選擇很少，這也是黃瑋婕從小學習舞蹈時的深刻感受。

採訪當日的時間，是幼兒班的芭蕾舞教學，小小學員一進到教室，放好書包水壺換裝完畢，待音樂播放，便聚集在老師身邊跟著舞動，動作或許稚嫩不流暢，但從鏡子反射回來的畫面，清楚可見小小學員們享受其中。

青楓舞劇坊有許多來自各地、不同舞蹈專長的老師，這是黃瑋婕不斷將外面資源帶進家鄉的成果。「有些孩子在某些領域得不到掌聲，或許是舞蹈方面不見長，但可能會在戲劇或其他方面的表現，發現自己的其他定位。」她希望能提供多元環境，讓學員有更多選擇性，讓他們嘗試與摸索，去找到真心喜歡的事物。

來聊東勢

PM 05:00

位於市區街上的「來聊東勢」，內外反差極大，外面騎樓擺檳榔攤，往裡面走卻是充滿文藝氣息的有機書坊。來聊東勢的管理人張喬凱，是這個共創空間的創始人之一，整棟建築物一租就是30個年頭。他將這裡打造為容納各個工作團隊一起使用的空間，目的是為了能聚集在地工作者或團體，在這裡產生對話與合作。

張喬凱本身的故事有些曲折，11年前返鄉時，滿腔熱血想以農產品牌行銷為業，可惜時機點太早，在果農們無法理解和相互合作的情況下，結束收場。4年前決定再次返鄉的契機，在於「發現小時候印象中的木窗與毛玻璃都沒有了，整條街都是白鐵窗！」這個發現，讓他猛然察覺東勢已不是記憶中的模樣、漸漸失去歸屬感，決定藉由改造這處老宅、試著找尋生活感，同時也開始思考規畫能擾動或感受在地的事物，於是這個有著大大傳統木窗的空間，便因應而生。

進門前的牆上，掛著多面駐點單位的旗幟，即便目前有些單位暫停營業，但設備道具一應俱全，張喬凱歡迎有興趣的朋友加入，成為這個共用空間的使用者。目前，二樓是東勢社造中心、創意執行協會及後生添手團的工作室，彼此因性質相近常會相互幫忙，每當有活動或展覽便熱鬧滾滾，讓這棟老建築成為街上活絡事務的樞紐。

山城石府音樂聯盟

PM 06:10

「聚集在我這裡的，其實還頗多都是怪咖，想想這裡也算是個奇葩的聚集地吧！」山城石府音樂聯盟負責人丘克少，笑著分享遇到的有趣人物。

山城石府是音樂教學空間，也提供有給樂團團練的場所，自然成為相鄰區域音樂同好的聚集地。學生時期就著迷音樂表演的丘克少，認為留在家鄉發展比起外頭更能做自己想做的，在家人的支持下選擇留在家鄉、開創音樂空間；20年下來，也經歷了多次與地方青年的相遇，來這裡的人或許來來往往，但用音樂串起的關係不會斷。

除了音樂本業，丘克少和從事維修電腦工作的弟弟邱育樑，也用自己的方式介入鄰里地方。像是平日會輪流駕駛菜車載著媽媽去賣菜，穿梭在庄內交通不便利區域，為行動不便的老人代採買物資。以及，有感過年氣氛越來越淡薄，「大家初一早上拜拜完，下午就跑出去市區逛街」，家鄉顯得太過寂寥，便決定舉辦鬧新年活動。

「我記得小時候過年，廟前面很熱鬧，會有很多攤販賣吃的和玩的」，6年前為了重現過往的年節情境和氣氛，他們向鄰里募款資金、運用其它活動撤場後的布燈籠，從「11個攤商裡有9個是我們自己擺，還要自己上台表演音樂」，到現在有愈來愈多人參與，成為地方鄰里期待的盛事，「我們想做的，就是要讓在地生動的活著。」

志永哥住家

PM 07:00

伴隨著剛點亮的明亮路燈，穿過大茅埔聚落的小巷道，來到劉志永大哥的住家，總被團員稱為「志永哥」的他，是大茅埔調查團的顧問。

家前的埕院小廣場，在以前農忙期間的用餐時刻，擺上圓桌塑膠椅，便是和工人圍坐吃飯休息的空間。直至今日，依舊是個休息放鬆的地方。調查團在調查日或是工作日，到了中午或傍晚，沒去處的「孤兒」成員便會來到此處蹭飯。

尤其是今年暑假期間，參與調查計畫而來到大茅埔的大學實習生，為減少往返的舟車勞頓，這邊就成了實習生停留的地方，也幾乎成為眾實習生的第二個家。一鍋酸辣湯，兩盤水餃，幾道配菜，大家圍坐在餐桌旁，聚在一起不單只是吃飯，抒發心情、交流想法的聲音也在餐桌上此起彼落。志永哥家，是進入聚落、讓人充飽電後繼續前進的隱性據點。

團窩

PM 08:20

最後一站，來到大茅埔調查團的主要據點——團窩，是位在聚落中心的三間連棟建築，每週五晚間往往是團員們聚集，一起討論規劃近期活動的時間點。

成立兩年多的調查團，最近才在庄內租下閒置空屋作為據點，這個空間也是「東勢後生添手團」的駐地工作站。三間建築物內，入口處的空間是集會區，靠著巷弄的那側牆面有一大片玻璃窗，團長吳哲銘說，「我們希望經過的村民都可以看到裡面在做什麼，燃起他們的好奇心，邀請他們走進來看看，這樣就可以產生更多的對話。所以我們在討論任何事情時，這裡的門都是打開的。」玻璃窗上貼著團員盤點出來的老地名及位置，目的也是希望能引起在地人的共鳴。

調查團成立之初，就是認為大茅埔本身保存不少資源，如守護村莊的將寮文化、與村民生活相關的土地公、灌溉水圳及傳統洗衫坑等生活習俗，但往往因長年內化成村民日常生活，而緣由故事漸漸被淡忘消逝。吳哲銘認為，調查團在挖掘的過程中，不只是文史記錄，也意在喚醒村民記憶，重新認識自己的村莊、再次連結感情。

「在地的文化知識，是需要在地人的協助與耆老的傳承。」吳哲銘初來乍到大茅埔調查文史，一個外地人人生地不熟，所做有限，進度窒礙難行。直至某次調查過程中認識在地知識庫——張圭熒老師，在邀請老師加入調查行

列後，才開始有明顯進展。有時訪問者老、記錄歷史時，會碰上艱澀少用的客語詞彙，年輕世代聽不懂，長者不知道要如何用國語表達，中生代的張圭熒便擔任起國客語的溝通橋梁。

因此這兩年來，團員們藉由每週三的實地調查行動，已經陸續整理老地名、龍神信仰、建庄規劃、穿龍水圳等文史記錄，並在今年8月與泰興宮合力舉行龍神山水祭，10月舉辦客家女力系列首場策展，為泰興宮誦經團留下記錄的「神明的演場會與祂們的樂手們」展覽。

儘管調查對象和範圍不大，就一個大茅埔庄而已，卻也喚醒了村民對村莊的連結感。「我們希望在地的事物能由在地人處理，因為這樣最有感情」，吳哲銘期許能和更多在地團體，用共同的腳步在東勢走出有深度、有溫度的路。

欸，今天晚上要不要「烤火」？

聚會現場直擊！

今晚聚會的四位青年，是在花蓮壽豐鄉的「社團法人花蓮縣牛犁社區交流協會」（後簡稱牛犁協會）工作的成員，其中包括父母移居豐山村、從出生到求學都在花蓮的楊富民；曾在台北工作、世代家族都在本地開墾的豐坪村人戴崇育；原居瑞穗鄉，伴隨妻子返回豐山村生活的李旻軒；秀林鄉出生、台北求學，到日本打工度假時決心投入社區營造，而移居豐山村的石竣旻。

雖然，農村並不只這四位青年，但他們四位各自返鄉、留鄉或移居，最終在社區協會聚集協力的心境轉折，或許可與其他地區正在打拚的青年們心聲共鳴。

文字—陶維均　攝影—李維尼

ON-SITE 農村派對

註：日治時代，台灣總督府在花東縱谷創建多座移民村，其中位於花蓮壽豐鄉的豐田村，是當時第二座大型移民村。經行政區重劃後，當年的豐田村已不復存在，而分為現今的豐山村、豐裡村及豐坪村。

牛犁協會員工超過20人，由近半數的青壯年夥伴、一窩子貓狗，及被同事帶來辦公室上班、尚在學步階段的幾位嬰孩組成，與其說是社區交流協會，更像是個家庭型社企組織。

農村社造並不等同農村創業，由於社造的非營利性與住民優先特質，必須面對社區形色殊異的人，每個人都有不同的心意、期許和企圖，每個人也都是利他和利己的混和體，讚許和辱罵往往必須無差別的接受。在協會工作的多數同事皆是本地人或在本地租屋，當生活與工作公私區域極度疊合，當鄰居或家人也就是同事，隨口說的無心之論可能影響大半個社區生活，青年們如何堅持團結、繼續社造工作？

一個不忌口無限題的秘密基地，是社造青年的求生方舟。

冷鋒過際的這個晚上，三合宅院四位青年正熟門熟路的忙碌著，添柴燒火備料煮食，大水桶裡好幾打啤酒各就各位，燒紅的烤肉炭架放上大量肉類，對抗濕冷的鮮魚湯已上桌，他們要為即將從台北舟車勞頓抵達豐田(註)駐村的藝術家們舉辦迎賓派對。

近年，豐田的年輕場子越來越多，有人在錄線上廣播節目，有人振筆寫書，有人打算在自家頂樓加蓋搞個錄音練團室，再加上每個月就有兩組各領域創作者藝術家駐村，帶來各種遐思靈光……。農村並不無聊，只要眼前這盆火繼續燒。

青年們常給這樣的邀約派對一個簡稱：欸，今天晚上要不要「烤火」？

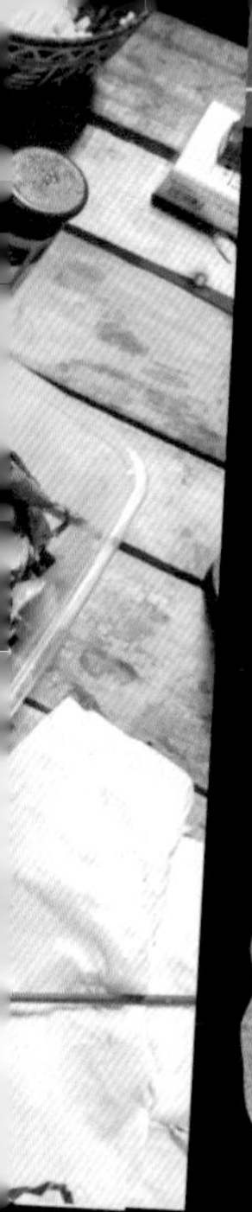

PARTY

青年常聚會場所之一，是住在豐坪村的戴崇育自宅門口。傳統三合院建築，院子原有一座倉庫而後拆除四壁僅存鐵皮屋頂，在沒有太多娛樂場所的農村，能避雨的鐵皮屋頂成為青年的秘密基地。

「國二的時候，豐山村圖書館附近有個家庭式英文補習班，不熟的同學慢慢混熟，輪流去彼此家玩。我家空曠不怕吵，爸媽忙工作晚回家，慢慢成為大家的固定聚會地點。常常一群孩子放學先騎單車來集合，討論晚點要去哪玩。」戴崇育家人善廚好客，從小跟家人學做菜，是四人當中公認廚藝最佳者，「其實也沒特別煮什麼大菜，就是冰箱剩料或把多的午餐熱來吃。比較特別的一次，是叔叔帶野蛇來殺給我們煮湯，把蛇掛在樹上剝皮是很難忘的印象」。

「聚會精神其實很像大學生夜衝或夜唱，就是一群想消磨時間的年輕人」，戴崇育認為像他們這樣選擇農村社造為職的青年，更重視同事彼此情感交流、工作與生活的和諧以及能夠彈性運用的時間分配，「社造工作很瑣碎，雖然同事辦公座位很近但不太有時間聊天，有個可以抒發的地方很重要。雖然不會特別設定聚會話題，但有些工作上過不去的事在聚會上反而能彼此溝通。」

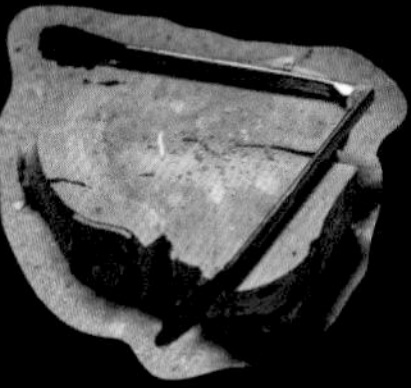

烤火的時候大家比較能聆聽彼此。

戴崇育

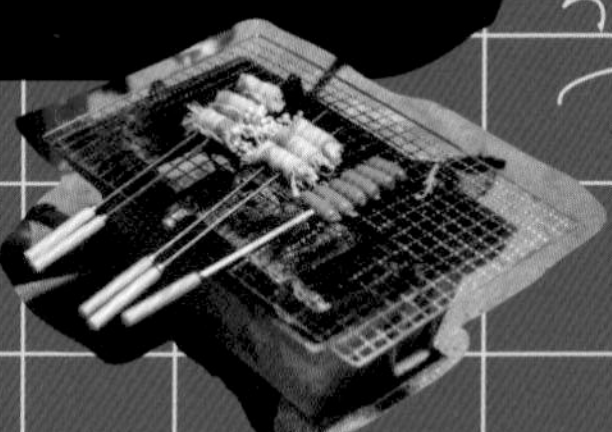

有時候我們會
把燈關掉，看著柴火
不說話整晚。

「農村娛樂大概就是追劇、看片、打電動。有時甚至無聊到在家門生一盆火，大家圍坐玩手機不說話，感覺也滿好的」，李旻軒認為社造工作跟生活密不可分，當彼此談及工作上的企圖，其實也疊合對生活的期許或想像，「我以前在高雄工作也會跟同事去熱炒店、釣蝦場或酒吧。比起來，在豐田的聚會最大差別應該是我們可以親手打造空間，還有生火吧！」

從小在瑞穗成長，看長輩冬天砍柴丟進鐵桶生火，移居豐田後他也把生火烤肉的技能帶進聚會，「我們的聚會看起來隨意，其實從下午就要開始砍柴備料，若要肉美味還得事先醃製處理，這些都是都市沒有的體驗」，藉柴火凝聚大家，是他認為四人幫聚會最核心的精神。

李旻軒

看行事曆上的聚會日期靠近，竟對生活有期待。

石竣旻

石竣旻在協會工作年資最短，談起四人個性，剛從觀察者轉成參與者的他一一分析，「富民習慣對外發言，所以如果有新朋友來通常由他負責聊天提問，聚會行程或成員也常由他安排；崇育負責提供場地，廚房內務和

我們就像現代版的「榕樹下」。

村裡每一群年輕人都有自己的聚會，無論麻將、辦桌、聊八卦或追求酒精濃度，重點都在找個相聚的理由，「有時我也會帶一手啤酒去別人聚會吃吃喝喝，或邀大家帶新朋友來彼此認識。」

花蓮地大，去哪都得開車，若要小酌只能挑離家近的去，最終固定成現在四人聚會的模式，「其他同事偶爾會參與，但可能因為我們四個都是男生，聊的事有一定面向，有些同事住比較遠或必須顧家也無法待太晚」。從小到大都在花蓮求學工作的楊富民，也曾經歷假日就往市區酒吧跑的日子，「那時心裡有股想認識新朋友的衝動」，在協會從事與外界聯繫接洽工作的他，藉著今年初啟動的「花蓮豐田移創指導所」邀約各方創意人才駐村，烤火聚會成為接待創作者的起手式。音樂人來訪就是一首又一首金曲接龍，廚師駐村當然是廚藝交換以菜易菜。除了走去外面認識新朋友，楊富民也想把新朋友帶進豐田。

楊富民

下廚，偶爾開金嗓唱幾首歌帶氣氛；旻軒負責生火，若是盛大場合他還會親自醃製食材，但他要當爸爸了所以回家時間越來越早。」

同事口中情感充沛的石竣旻，愛談心交流，也是在善吉他彈唱的他加入後，聚會才有現場音樂，「我那時剛到協會就職，就被邀來烤火，覺得這樣很好；彼此熟悉的情況工作更順暢。」他提到在台北求學的日子，每晚總能找到活動填上行事曆，但在豐田只有彼此，即將到來的派對是最不日常的日子，「有時看著行事曆上的聚會日期一天天靠近，竟對生活有了期待。我覺得社造的工作與生活是並行的，烤火，則是支撐我們繼續下去的重要力量。」

鹿野

鹿野生活之所以

村訪調查

VILLAGE VISIT

文字－涂土豆、邱羿蕎、方伊靜、陳宗仁、阮大膽、陳秋語
攝影－羅正傑　插畫－奧斯卡

近十年來，隨著搬來台東鹿野鄉的移居者漸多，不同社群和喜好的團體也變得更多元。我自己觀察，最早搬來的移居者，大

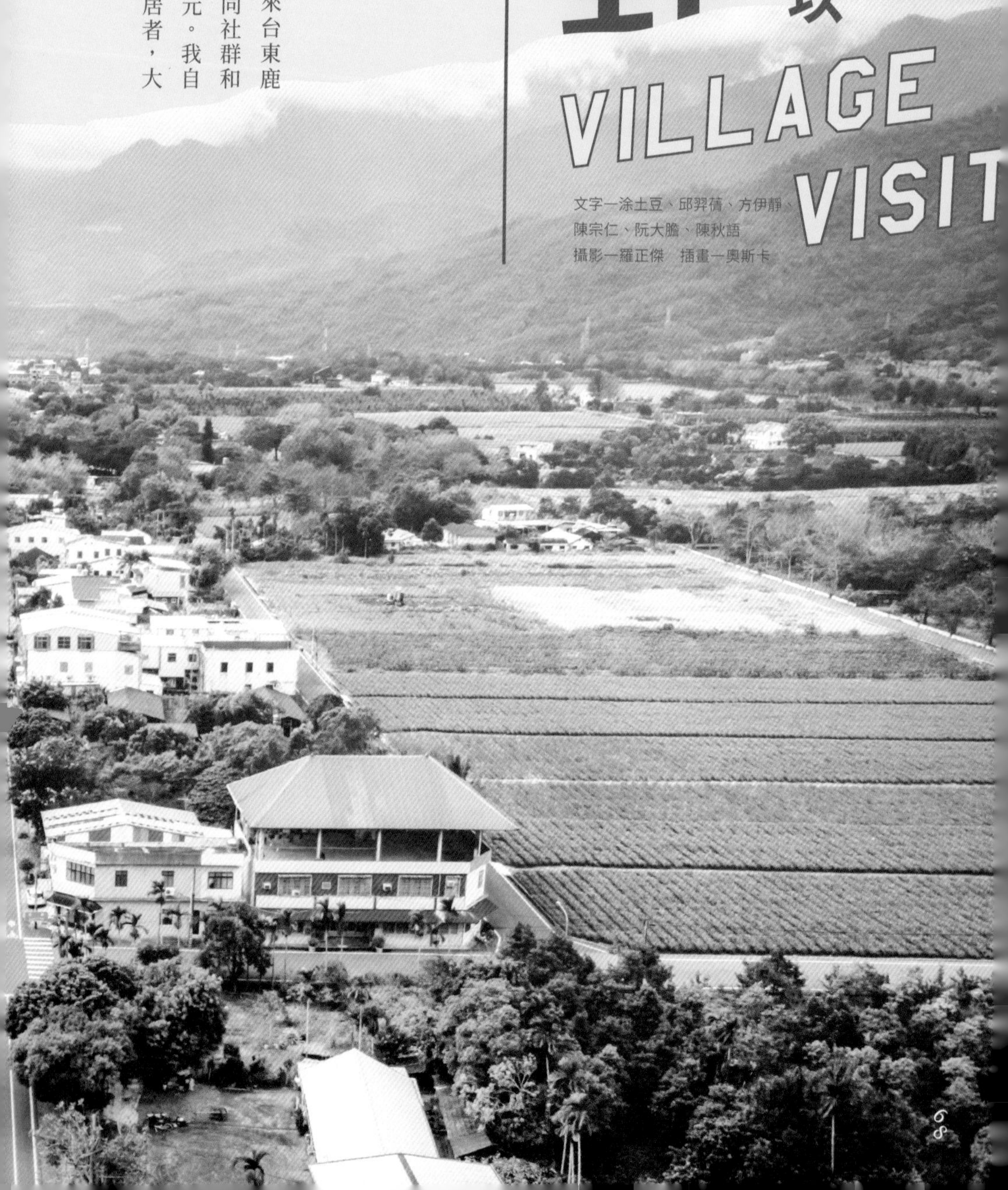

多是來務農或以農事工作為主，後來在鹿野高台舉辦的熱氣球嘉年華興起，經營民宿也開始成為外地移居者的選項。這幾年，則是在地的紅烏龍茶產業打出品牌口碑，讓許多茶廠二代年輕人願意回來接手、並創新經營。

市集設攤、創意料理、地方旅行等模式，讓這些移居至鹿野的個人和家戶，找到在地生存之道的方式。無論是務農、擺攤、開店，都會在鹿野的各個主題活動或聚會中交流認識，形成相互協助的實質生活支援網絡，不同的價值觀也能在此被包容與接納，慢慢發展出各自的群聚團體。其中，活絡頻繁的聚會，是「鹿野生活」之所以能成為現在狀態，重要的聯通點。

（圖片提供／邱羿蒨）

PROFILE

一家四口移居至鹿野後，與先生共同創辦「尾餘記」，販售以在地新鮮辣椒與多種香料研發出的椒麻醬，希望能以友善環境的方式認識在地，研發料理與手作相關，支持在鹿野的永續生活，也能為孩子留下自然美好的環境。

邱羿蒨

一雙友善而溫暖的手，是讓我們留在這片土地生活很重要的定心丸。

聚會地點：鹿野結米家
聚會對象或團體：新移居的個人或家庭
聚會頻率：不定期，以大家方便的時間為主

聚會形式：依各種節日或主題聚會，基本上是一家一菜的方式聚會，小孩在客廳看卡通，大人聚在一起交換最近生活大小事！

「結米！請問現在方便過去拿蛋嗎？」
「結米！這個禮拜六的聚餐是幾點？」
「結米！你那邊有攪拌機可以借一下嗎？」
這樣子的對話，三不五時就會出現在我們的日常生活中。

鹿野結米家的主人是個溫暖貼心的好朋友，總是藉由大大小小的機會讓新移居來的家庭認識當地朋友。記得我們剛來鹿野時沒有認識幾個人，結米很熱心把我們拉進在地群組，分享訊息、一起團購，慢慢地我們才和這裡的朋友熟識起來，漸漸融入這裡的生活。

鄉村生活中，人與人之間的互動頻繁、緊密。對一個新加入的移居者而言，一雙友善而溫暖的手，是讓我們留在這片土地生活很重要的定心丸，結米就給了穩定的安全感！有什麼事想知道或想認識，第一個想到的就是問問結米，結米家不只是取貨點、大家聚餐的地方，更是一個資訊交換站，在這裡可以看到四面八方的遊子和各個生活在鹿野的新移居者，大家聚在一起聊聊最近的生活，誰的田種了什麼，誰的園子裡準備收成了，誰最近又開始學新的手藝……這樣簡單而美好的對話就在這邊不停的上演著。

想要認識鹿野，結米絕對是一個很好的嚮導！

#01

方伊靜

知道累的時候有地方
讓我休息後再次奔走，
就是最重要的心靈據點！

聚會地點：閒閒呷甜甜貨櫃咖啡
聚會對象或團體：在地青農、茶農
聚會頻率：每個月2次

聚會形式：有互相分享經驗的下午茶模式，也有工作檢討及一家一菜餐會，最多的是彼此閒聊話家常！

投入地方社區工作兩年來，從全職媽媽到對公共事務充滿想像的我，返鄉後發現家鄉有點不太一樣，田野間多了美麗的房子，也因高齡化逐漸凋零，這樣的轉變讓我思考要抓住回憶，從最熟悉的陌生人開始帶動社區。

目前我的工作，需要投入大量時間撰寫計畫，家裡與社區活動中心的空間已無法滿足我。同為返鄉青年的建瑋及太太Emma，在自家有機茶園裡開了一間貨櫃咖啡廳，慢慢的在這裡……認識了很多同為返鄉的青農或茶農，大家偶爾會聚在一起談天說地！這裡不只是品嚐咖啡及茶的地方，也成為支撐在地青農的後盾。

「我明天要去跳採茶舞」、「等等過去」、「我好煩……」，貨櫃咖啡廳很自然的成為我們想去就去的地方。有時候計畫卡關沒靈感，喝完一杯特製米拿鐵，就能幹勁十足的完成手中緊迫的計畫；有時候遇到社區大小事心煩時，邊喝特製巧克力可可，邊看著眼前的龍田村，就能慢慢理出箇中道理；更多時候，和在地青農聚會、經驗分享，搭配冰涼的蜂蜜檸檬氣泡飲，也有很多收獲及靈感。

縱谷山腳下的龍田社區，有著棋盤式道路及交錯有致的茶園果園，還有不同文史意義的景點豎立，當我繼續深掘在地故事、著手社區營造、發展產業觀光，知道累的時候有地方讓我休息後再次奔走，就是最重要的心靈據點！

#02

PROFILE

出生於鹿野龍田村，國小畢業後北上至台北讀書至專科畢業，2007年返鄉後先在鄉公所服務，而後開始經營「靜築民宿」至今。目前除了是民宿主人外，也與擔任龍田社區發展協會理事長的先生，共同參與家鄉的大小事務，為地方注入不一樣的活力。

（圖片提供／涂土豆）

PROFILE

與妻子皆為專業社工，移居鹿野後開設「鹿野耕食宿」工作室，協助身心困頓者以自然生活方式，緩解病況、調養身心。除此之外，也在市集販售自製艾草條、帶領遊客深度探訪在地，以分時多工的樣貌生活在鹿野。

陳宗仁

這裡就好像是我們家客廳的延伸。

聚會地點：瑞和車站
聚會對象或團體：親友或外地遊客
聚會頻率：視需要，不定時
聚會形式：地方旅遊與攝影

提到鹿野，大家都知道鹿野高台，但不一定知道瑞和村這個寧靜的農村裡，矗立著安靜的小車站，靜靜地訴說著它與瑞和的淵遠流長。

兩年前，我們一家搬到瑞源村與瑞和村交界的不遠處，在一次偶然的機緣認識了來自瑞和村的年輕人小韓。那次簡單的初相識談話，我聽到了小韓對於返鄉的熱情與遠景，也從他閃爍的眼裡，開始我對瑞和車站的好奇。

小韓是返鄉二代的年輕人，他試圖將瑞和車站翻轉與重生，希望讓更多外地遊客，透過車站來認識瑞和這個低調簡樸的客家村莊。這座車站是一個對所有人開放的友善公共空間，來到這裡，可以安靜的倚在軌道旁那黑白底片造型的欄杆邊，一方面享受東部幹線的寧靜美，一方面當列車通過時，震天轟隆聲響與超美景深的視覺震撼，絕對讓人印象深刻。

我曾經帶著三兩好友來到車站，靜靜地坐在奉茶桌，喝著鹿野最享名聲的紅烏龍茶，愜意地聆聽黑膠唱片機所播放的美好音樂，這裡就好像是我們家客廳的延伸。我也曾經安排十數位遊客，在這裡舉辦過艾草條手作體驗課，那個下午徐徐涼風吹拂，這座自然教室裡的大家歡笑不斷，好不快樂。

一個空間可以有各式想像，一座車站可以不只是通勤車站，在鹿野的瑞和車站，我看到了它搭起當地住民與外地遊客之間的連接橋。瑞和車站是我們當地居民生活空間重要的一部分，也是外來遊客認識鹿野的新門戶。

阮大膽

因為參與了很多建造的工程，區役場也像自己的老家。

聚會地點：鹿野區役場
聚會對象或團體：社區居民、台東市民
聚會頻率：不定期
聚會形式：整修老房子、練習合唱、看表演、吃點心

日治時期，鹿野區役場是當地最高的行政機關，荒廢之後原本要拆除，當時李元和老師動員社區居民，保下這間百年老屋，登記為歷史建物。

我和李老師因為整修區役場而相識，不管是在地居民、移居者，甚至是外地來的旅客，許多志工參與了區役場的整修，一起建蓋戶外廚房的麵包窯和大灶，最近又蓋新的戶外廁所。因為參與了很多建造的工程，區役場也像自己的老家，當初和先生決定結婚時，我們沒有開席宴請，而是邀請大家各帶來一道料理，合唱一首歌，在這裡和眾人見證下，寫下結婚書約。

整修後的區役場，增加了原本沒有的機能和設施。人先創造了空間，空間又吸引人來使用。例如因為有了窯和灶，端午節大夥會一起在這裡包粽子，有時候連假也會烤麵包和披薩。室內空間放了架鋼琴，一群退休的銀髮族，每星期都會在此練合唱，下課後的傍晚也常聽見鄰居的女兒在練鋼琴。

區役場也是社區對外交流的重要場合，曾經有麵包師傅專程從台北來窯烤麵包，替區役場籌措經費；連假市集時，更時常有台東的佛羅明哥舞團來表演，同時也辦過兒童影展、野望影展，都是住在附近的移居者發起。

對我來說，區役場傳承了歷史記憶，又在新修的空間之中，創造居民的共同記憶。

#04

PROFILE

八年前和先生搬來鹿野生活，除了和在地好友生產花生醬販售，也有自己的甜點工作室。身為母親，做著無償卻最有價值的工作，期望在自己的生活裡，找出能夠和身邊人分享的美好事物。

（圖片提供／阮大膽）

PROFILE

桃園來的女孩，先落腳在鹿野鸞山部落深山裡，目前住在延平武陵部落，大家都叫她Air。熱愛畫畫、書寫、編織手作，著迷自然山林的蒼綠悠美，可以獨自在深山生活很久，也能和手作同好聊天整日不累。

（圖片提供／陳秋語）

陳秋語

這些相聚時光的感謝與收穫是深切的，每次過程中都和夥伴默默學習。

聚會地點：鹿野結米家
聚會對象或團體：東移編織愛好者
聚會頻率：不固定，一月數次或數月一次
聚會形式：會設定當日主題交流，可能是分享特定技術，大家共同學習；也可能純粹帶正在進行的作品，一起做＋吃喝＋閒聊。

每回來訪結米家，麵包出爐的香氣，綴飾野地花草，巧虎貓的迎接，結米一貫親切招呼，進門彷彿回到了家。

四年前我剛遷居鹿野，一切陌生，有段辛苦時期。在一次部落編織課和結米相遇，得知我的情況後，她開始帶我加入在地活動。結米家一直是朋友聚會的喜愛之地，料理、共食、音樂、手作、分享、團購、閒話家常。悠閒舒適的氛圍，在不同領域之間敞開，人與人交流的心，落實在異鄉生活中的相互支持力量。

由於我們都是編織熱愛者，自然連結幾個好友，每當不同植物纖維的採集季節，或是誰發現某個物件、手癢想挑戰，往往就這樣聚集起來。工具、技能、知識，各有所長，自由提供，閒談間一個個作品不自覺就完成了。

結米經常慷慨提供空間、工具、技術，並總是歡迎大家。而當每個人默默埋首專心製作時，她卻不知消失到哪，一會兒端出豐盛下午茶：自製鑄鐵鍋起司果乾麵包、季節抹醬（果醬、花生醬、起司醬、肉桂醬，每種都驚喜）、在地烘豆咖啡、當季食材甜湯。一會兒又去打掃、招呼客人、帶巧虎散步諸如此類，以從容的態度照顧整體，讓大家運作順暢和諧。

這些相聚時光的感謝與收穫是深切的，每次過程中都和夥伴默默學習。當一個場域散發出美好光采，讓來訪者真心喜歡，或許是人──真摯以待的心，好好對應著生命中的相遇，自然產生的結果吧！

涂土豆

在緊要關頭時，
大家都能默契一致的
貢獻已力彼此幫助。

我搬回鹿野近五年，陸續認識許多有趣的移居朋友，大家無論是從何處搬來，之前是多厲害的建築師、資訊工程、設計師、網頁設計師、行銷企劃或文字工作者等，搬到鹿野後都拋下自身專業認識在地，學習生活。於是烹飪、水電、木工、編織、務農、孩子教育等內容，成為各種主題聚會與交流的話題。在這裡，大家樂意歸零，但當公共性議題需要時，這群朋友又能拿出自身專業與所學支援當地。

像是鹿野區役場的搶救與參與，串起了鹿野早期的移居者，為現在的移居者交流與聚會，打造很好的基礎；鹿野結米家除了經營背包客棧，也樂意分享空間和資源，關照新移居朋友的陌生與孤獨。連我也被照顧到了，和結米家一起舉辦「客家料理會話班」的鹿野客藉後生聚會，這讓我可以在天馬行空閒聊後被強力支持著，是種讓人感動的歸屬感。

近年由社區認養、逐漸聚集能量的瑞和車站，陳宗仁則以社福專業有意識的協助著；方伊靜是民宿業者，又熱心投入社區工作，她的秘密據點是茶廠二代年輕人開的甜品店，和初鹿、鹿野的青農分享在地資訊與生活瑣事，也是另一種讓鹿野更有魅力、更開放式的據點。

我認為，鹿野的地方聚會其實很日常，也很開放、很樂於被看見，有時候也帶點封閉和私密。但在緊要關頭時，大家都能默契一致的貢獻已力彼此幫助。

像是今年6月，移居來永安村的椒麻醬店家、高齡93歲的孫爺爺走失，遍尋不著的情況下，鄰居立刻在尋人的黃金72小時內，網路號召大家清晨4點在社區活動中心集合，準備地毯式協尋。我至今仍忘不了，當天有近五十位鹿野在地或從台東市區趕來的朋友們準時就位，自動分工認領路線，天亮後有人陸續離開也有人得空再加入補位，人力幾乎沒有少過。一直到晚上，尋獲孫爺爺的好消息傳來，大家鼓掌歡呼後，這個臨時搜尋大隊就自動解散，再回到生活日常。這樣的鹿野，我想如果沒有長住在此，是無法一一領略的。

PROFILE

瑞源村的客庄小孩，高中畢業後離東到南部念書、工作，超過16個年頭後回到家鄉，幫媽媽的理髮店成立粉專記錄有趣的客人故事。曾任臺東慢食節執行團隊，現任該計畫顧問。

（圖片提供／涂土豆）

SUMMARY

世界末日後的酒吧、咖啡館與書店

文字、圖片提供—謝子涵

SMALL TOWN
IN END OF
THE WORLD

LOCAL BASE

日本篇

2018年，我參加日本非營利組織ETIC於東京舉辦的地方工作者年會時，認識了一位移居到宮城縣石卷市的女生，透過她而認識了「卷組」這個組織。卷組主要提供三種服務：一是整修與營運管理空屋的「場所營造、共享」服務、二是挖掘移居者並且培育創新人才的「人力資源組織」服務、三是打開創意者事業通路的「創業支持循環」系統服務，希望為身處災後讓人感到絕望的空間、不動產與街區注入新的能量。

原來在2011年東日本大地震後，當年度有超過28萬來自世界各地的志工來到石卷救災，災後返鄉的人、志工、媒體記者、工程師、設計師、建築師等擁有不同技能的人們，想要留下來參與重建家鄉的工作。無論是成立資訊公司「イトナブ」為地方的企業製作網站，培育在地高中生寫程式、做影片、拍照的能力，或是成立空間與家具設計職人工作室「石卷工房」，而這些不同新創公司的創立，背後都有石卷市街區上的據點支撐與指引，分別是「復興Bar」、「IRORI共享工作咖啡館」及「石卷書店」。

據點是心臟，也是復興街區的血脈

地震後以「假面騎士」聞名的石卷市街區，有間屋頂滲水的房子，一些在地朋友看到了，決定承接整修，取名叫做復興Bar，在同年7月開幕，希望世界各國來到石卷投入救災的人，能暫時穿越災後的悲傷情緒，將淚水轉換為未來交流協力的動能，把酒言歡下都是明日的復興。

酒吧甚至還有一日店長制度，以及在特定時節於東京開設快閃復興Bar，就像新型態的同鄉會般不斷向故鄉輸血，希望場域興盛的動能不滅。

我在東京上課期間，也遇過石卷市公所的公務員，他說身為公務員也常去復興Bar，比起公所內制式的復興討論會議，在居酒屋或酒吧內討論可能還比較有新的想法，特別是在災後，大家都很難過，但又不能不振作，所以街上出現的新據點便成了瓦礫堆下的小星斗，在暗夜中照耀失去。

一下車看到的車牌，標示出以「假面騎士」為主題的城鎮地圖。

石巻書店的門口，會不定期舉辦古書市集。

一個屋頂與車庫，
交陪出活躍的組織與公司。

我在IRORI點一杯冰美式和一份特製蛋糕，聆聽街區民眾日常對話。

IRORI也販售在地祭典特製商品、刊物和城鎮品牌 T-shirt，讓旅人可以購買、支持協會發展。

石巻書店的商品陳列，販售在地手工製作刺繡衣物、手染洋裝、編織包等商品。

所有活化街區的專案，更是帶來求生與求志的希望。

一出石巻車站，就可以看到「假面騎士」的雕像，吸引旅人展開蒐集城市假面騎士的旅程。

石巻IRORI咖啡館，扮演城鎮組織再生與革新的交流空間，市民一起工作、一起喝咖啡、一起準備祭典。

石巻復興Bar在東京秋葉原開辦的期間限定酒吧，希望讓首都圈的石巻之友、東北同鄉會有個能交流、敘舊的活動。

石巻書店在店內規劃駐村藝術家作品展覽，並販售限用在地災後的堆積土石製成的耳環。

石巻復興Bar，讓世界各國的復興志工能在這討論共創未來。

一個復興戰鬥啟程據點，在當地不只像是重建過程中的心臟，血脈還通到了街區，一群留在石卷的人成立了「ISHINOMAKI 2.0」（石卷2.0）組織。組織的代表理事是1974年出生當地的松村豪太，原先在非營利組織工作的他，地震時遭遇自家半毀，而後投入協助臨時組合住宅搭建，並於地震同年5月決定與各界朋友們組成「ISHINOMAKI 2.0」組織，跟一群設計師、研究者、資訊產業等創意工作者，展開一系列的新未來作戰會議。

這樣的組織血脈，疏通了地震前街區中許多的不滿，像是封閉的人際關係、空洞的商店街、傳統的思維與人際間的距離感，與其說空間是心臟，不如說危機過後的轉機，促使人打通場域、後進者、年輕人們對未來茫然的閉塞感。也期望打造衝破「圈內與圈外」、「城內與城外」、「年輕人與熟練者」關係的社群組織。

滾雪球般的地方生活選項

同年底，組織的交流空間IRORI（Interaction Room Of Revitalization and Innovation）開幕了，不只是咖啡館，更是共享工作室。而這地方起初是一個連照明都沒有的車庫，經由美國傢俱公司「Herman Miller」的職人與在地的傢俱設計「石卷工房」合作整修，希望讓這裡成為一個開放的公共空間，這個場所是讓世界各地的人隨時進入、交流、喝咖啡的地方，甚至能激盪點子，共織未來。（註1）

隔了兩年後的2013年，由於「送一箱書」給受災地的活動契機，石卷開始有了古書市集，這對經濟衰退的中心市街來說，無非是書店重返街區的時刻，因此石卷的書櫃便誕生了。店內的主軸是販售古書及提供書籍借閱服務，次要則是販售在地藝術家的作品，希望大家都能透過石卷書櫃來溝通，串連出版社以及相關從業者再次注視「假面騎士」、「災害」以外的石卷小鎮。

時序來到2015年，那些在石卷留下來創業、從事漁業或是在地產業接班者，被稱為「移居先驅者」。他們與ISHINOMAKI 2.0透過新的移居體驗計畫，開始

IRORI內大家正在準備祭典的活動道具，後方隔間是共同工作空間。

任何人都可以在石卷書店拿一本書席地坐下閱讀，是街區的小圖書室。

LOCAL BASE

街上出現的新據點，便成了瓦礫堆下的小星斗，在暗夜中照耀失去。

詮釋與分享在石卷生活的風格，同時調查空屋以及能活用地方資源的職業，期許這樣的一個地方能成為大家在挑選未來地方生活的一個「選項」。（註2）

打破社群，傳播石卷物語

我在2018年時，終於有機會朝聖石卷市，大概能理解為什麼街區的人會聚集在咖啡館、在酒吧、在書店、甚至在不同的店家，大家都很熱情地問我從哪來、怎麼會來、以及說明正準備著一年一度的慶典，歡迎我在慶典時再訪。咖啡店的伯伯每天都會來點一杯咖啡，盛情地歡迎每一位世界的旅人來訪，聆聽石卷物語。

ISHINOMAKI 2.0相信空間場域的、設計的、動手做的力量，能夠戰勝大規模消費、疏離的社會。希望運用在地資產與精華，提供更多人在石卷感受到安心、溫暖、快樂及留在地方創造價值的機會。復興Bar和IRORI翻修了衰敗，承接了希望，一個屋頂與車庫，交陪出活躍的組織與公司，而所有活化街區的專案，更是帶來求生與求志的希望。

註1：就像是家、工作以外的第三場所，保有中立性、普遍性、對話性、協調性、接納性、日常性、遊樂性和歸屬感八個特性。

註2：除了透過實體空間與石卷居民組織互動，也有虛擬的移居導覽平台，提供石卷資訊、試住體驗、居住情報、在地工作及過來人的經驗分享。

謝子涵　台中東勢人，大學時初登瀨戶內海小豆島，被島上藝術祭和映畫村電到，從此以研究日本政策為興趣。國際政治研究所畢業後從事國會助理工作，又到日本研究地方創生。現持續關注台日政策議題。

LOCAL BASE

馬來西亞篇

從一張餐桌，吃出共好實驗聯盟

文字、圖片提供—卓衍豪

ABLE TO LAB

2019年12月15日，怡保市第一屆「地方創生節」在崑崙喇叭會展中心（GRC Convention Hall）舉行，吸引近三千人次到訪。地方創生節圍繞著農業、製陶業和餐飲業三個產業為主，內容包括國際論壇、展覽、市集和工作坊，以及兩場提供350人用餐的「產地到餐桌」。這場由P Lab（地方創生實驗室）主辦，試圖打開馬來西亞民眾視野，透過介紹地方風土，展開對地方的想像，藉以說明地方創生可以作為解鎖地方困境的活動，始於一張餐桌。

從麵包小餐館長出的跨業合作

由英國米其林餐廳學藝歸國，立志要回鄉創業的主廚Sam，在怡保舊街場「二奶巷」附近開設Artisan Handmade Bread，主要是賣天然酵母麵包和精緻料理的小餐館，留鄉、返鄉和下鄉的有志之士，偶爾會在這裡品嘗用友善食材和創意製作出來的暖心料理，那是舌尖上最驚艷的怡保，而Sam的說菜演出也讓參與的每一個人更加了解怡保的風土食材。

一張餐桌成就了交流、取暖、感恩和祝福，Artisan Handmade Bread也漸漸形成同溫層結社的秘密基地；這群夥伴當中包括有機農夫阿鳥、陶藝匠人陳緯彥、擅長說地方故事的Story Tinkers團隊，以及推動地方創生事業的P Lab團隊等。

Artisan Handmade Bread雖然落戶昔日「世界錫都」的觀

Galanggal Café是怡保地方創生夥伴們的新基地。

光重地，但每一次聚餐聊到地方風土、虛胖的觀光人潮，總是讓人對於更永續的旅遊方式寄予厚望，希望創造出有別於傳統觀光思維的活動、事業的格局，順勢聊到P Lab曾到台灣取經南投竹山、台中新社、台東池上等地的地方創生經驗。

同時，也發現怡保的傳統製陶工廠，由當年居全馬之冠的兩百多家減少至不到20家，加上本地有不少具國際餐飲經驗的返鄉廚師、辛苦經營的友善農業投入者，大家都認為這些被忽略的地方價值應該被在地人和遊客看見。於是在2019年年中，一場結合這三個產業的小型「產地到餐桌」順應而生。那一場跨產業合作的餐桌實驗得到的反饋，點燃所有人的信心和對未來的期盼，更促成後來的「地方創生節」。

時間停下後的再啟動與希望

不到三個月的籌備期，地方創生節核心團隊成員迅速擴大到十幾人，包括擁有多年國際餐飲經驗的馬來人主廚Fikri、法國米其林餐廳學藝回鄉創業的年輕女甜點師傅Ann李主恩。而後來的地方創生節得到超過預期的迴響，正當大家要往下一步推進時，一場意想不到的全球疫情打亂了所有人的計劃。

陳緯彥家族經營了幾十年的傳統製陶工廠，在疫情期間走入歷史，透過P Lab協助下轉型成生活陶品牌「1200℃」；Sam

怡保市舊街場裡的戰前建築。

由鳥家農場收穫而來、
帶著迷人色澤的百香果。

地方創生節舉辦的陶藝工作坊，讓小朋友能藉體驗更了解在地產業。

透過介紹地方風土，展開對地方的想像。

Galanggal Café的壁畫，展現了馬來西亞的熱帶風情。

位於「二奶巷」附近的幾家傳統茶室，是遊客必訪之地。

有機農夫阿鳥、陶匠陳緯彥和廚師Sam（由左至右），是共同舉辦創生節的核心夥伴。

陳緯彥的生活陶品牌「1200℃」與其他品牌的跨界合作。

阿鳥、陳緯彥和Fikri，是新的餐桌組合三大主角。

主廚Fikri正在為未來的餐桌活動，創造新的菜式。

一張餐桌成就了交流、取暖、感恩和祝福。

跨產業的合作，讓訪客能自然的認識怡保風土。

Galanggal Café的外觀。

地方創生夥伴們聚會時，為未來的餐桌活動作排演。

的餐廳受到疫情衝擊而結束，轉型成居家手作麵包坊，塞翁失馬，宅配到府的生意尤甚從前；大夥的秘密據點也因此由Artisan Handmade Bread轉移到Fikri的餐廳Galanggal Café。

疫情讓所有人有更多時間思考過去與未來，也讓大夥重燃希望。

深耕地方，找回社區共好

2020年3月，馬來西亞開始進入「行動管制期」，很長一段時間人們被約束在住家十公里範圍內活動。生活半徑十公里畫出來的生活圈突然變得意義非凡，那些人們不曾留意的傳統店家，那些平時努力生產食材的勞動者，那些居家手作、能夠勾起回憶的傳統小吃，那些生活裡的一草一木突然都被放大成一個小宇宙，成為人們和地方連結，重新看見地方價值的關鍵。地方好品、風土產業、友善土地、永續發展、生態鏈、O2O（Online To Offline，指線上到線下）等，成為深耕地方，走出地方的大未來。

接棒靈感和熱情新苗床的Galanggal Café，店內空間種滿植栽，綠意盎然，就像馬來西亞的熱帶雨林，永遠充滿生命力；Fikri善用馬來西亞各種族食材做出創意十足、豐富多元的複合式料理功力，如同餐廳牆上一整面象徵南洋風情的薑科植物壁畫，層次鮮明、熱情奔放，這一切理所當然成為夥伴們聚餐、開會的藉口。

有了餐桌的新實驗場，大家又找回了初心，「三合一社區共好餐桌」成為新的前進方向——由怡保出發，變成全國性品牌；一個發現地方風土產物、地方產業的平台，創造出結合餐桌、導覽和工作坊的行程。這樣的共識不僅把大家導回正軌，甚至連推廣深度旅遊的團隊、設計師的團隊、大學社會責任（USR）團隊、法人組織……等等都紛紛加入成為新的力量。

我們從來沒有想像過，一張約三公尺長的餐桌上醞釀而生的地方創生實驗，今天已經開展成一段令人期待的新旅程；不久的將來，一段又一段新的餐桌旅程，會讓「三合一社區共好餐桌」在馬來西亞遍地開花。從此，吃一頓飯的意義，變得更有價值。

卓衍豪　馬來西亞地方創生工作者、深度旅遊推廣人，著有《發現大馬》等書系，曾擔任電台嘉賓DJ，主持並策劃高收視率行腳節目《回家》。2019年創辦P Lab，並主辦第一屆地方創生節。

怡保的觀光聖地「二奶巷」。

在地陶製餐具，搭配餐飲料理，就是一桌風土美景。

所有的深刻，都發生在自然裡

在自然裡，會比較接近生命的本質。不同節氣的景色會有明顯的轉變，像奇幻片一般，恍如隔世。這些變化教我生命的倫常，自己也就慢慢能接受變動或是不確定。

而帶孩子們一起搬到鄉下，好像跟著他們又體驗了一次豐盛的童年，而且自然總是向我們展現最真實的一面，許多從都市學到的概念和習性，也就慢慢地被打破。

文字整理—曾怡陵
攝影—Kris Kang

Another Life 移住者告白

告白者

蔡致蕙

過去在台北像陀螺般不停運轉，身心都處於亞健康狀態。搬到苗栗三灣後吸收大自然的美好能量，變得有精神，也有餘力工作和創作。現經營「林也小院 ×心屋」，分享在地好物和好活動。

我高中念台中一中美術班，大學念台灣藝術大學視覺傳達系，本來想出國但是出不了，既然不能發展夢想就只好賺錢。我去問了一些大老闆的意見後，就進入房地產業工作。

婚前當房屋仲介，婚後去仲介公司當業務，沒有週六日休假，生小孩後轉內勤，做市場研究人員。接著，到上市建設集團參與推案前的規劃工作，例如：評估一塊土地到底值不值得開發？如果值得，要推什麼房型？一坪賣多少？工作上很順利，年薪也都有一百多萬。

不過可能是因為我從小在埔里長大，物慾滿低的。賺比較多的錢，或許可以用來換比較好的房子和車子，但就要用更多錢去維護，比如付管理費、房屋稅、地價稅等；然後變得更沒有時間，還要請人打掃家裡、帶小孩，生活上的事都要外包。我覺得這一切不是很合理，好像是無止盡的追求。

加上我的女兒那時雖然念標榜蒙特梭利的幼稚園，但教育方式不太在我能接受的範圍。在她對英文還沒有整體概念的時候，就被硬逼抽背。讀了一年，連隔壁的同學是誰都不認識，下課還會被老師要求不要說話。換了幾間幼稚園後她不開心，我也不是很開心。另外，因為當時只有女兒，希望她有良好的人際互動，我就像盡責的都會媽媽一樣，時常舉辦小孩派對，但人際的疏離感還是很難化解。那時開始會想，我在鄉下長大，為什到城市裡好像做什麼工作都能上手？我覺得是因為從小在鄉下培養出觀察力、洞察力、專注力等隱實力，反倒不一定是學識上的積累。所以就好好思考「希望孩子能擁有的童年」，是想要重新踏到土地上、自然裡，就開始動了找土地的念頭。

一開始從台北開始找，因為畢竟我已經累積了很多的資源和人脈。我跟我女兒找到木柵老泉里的石頭屋，空間比較小，但我很能接

我覺得這一切不是很合理，好像是無止盡的追求。

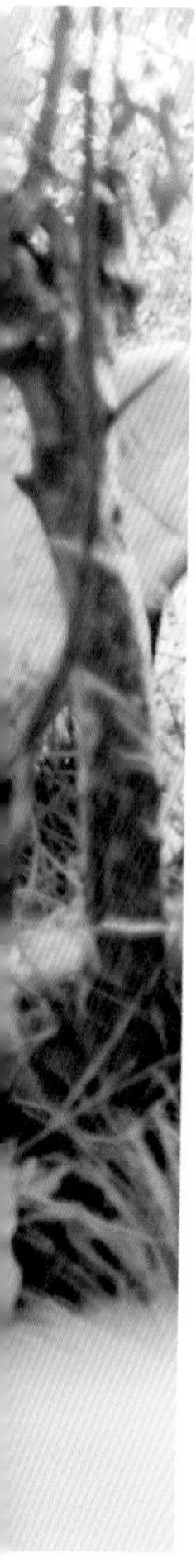

受，樸門農法就有說三坪小屋也可以過日子。只是後來我先生覺得空間要大，要有鄰居比較安全、要臨路狀況佳、要有路燈等等，想法上比較保守。因為採納他的意見，就越找越遠，找到苗栗。我來苗栗的時候發現，在主要幹道就可看到山和水，環境很舒服，只是離原本的人際跟資源比較遠，也是會擔心。但因為看到合適的土地、有老房舍，鄰近的三灣國小大坪分校也很理想，訴求生態、食農跟木工創客，所以在環境、就學等各種條件考量之下，決定移居。

這塊250坪的土地全是建地，我在土地上做最小的利用，只再加蓋了15坪，其他都留給自然，種東西或不作任何安排。許多朋友尤其長輩，每次看到總建議要在泥

土上灌水泥，不然會長草，但我會想要盡量自然；中庭也被說怎麼不蓋屋頂，但我就是想看星星，淋雨也沒關係。以前我在台北信義計畫區上班，住家就在捷運旁，公司往返住家都不用撐傘、遮陽，一路都像是在「室內」。我不會知道外面的氣溫，颱風、下雨也都不影響我，這樣的日子竟也過了很久，但我現在只想貼近自然。

移居後我們環島拜訪許多人，加上陸續來了不同的鄰居，有人已經過自然生活很久，來這裡自力種田，或是做手工藝、擺市集。慢慢知道生活方式是可以自主發展的，也就沒有那麼多的恐懼。很多來拜訪的朋友會表達對生計的擔憂，但其實在這裡有大把的時間，只要某幾天有工作產出，就足以負擔一個月的支出，因為沒有什麼消費，現在單筆支出最多的反而是以前不放在心上的勞健保費。鄉下路邊的野生果樹很多，果實都掉滿地。夏天撿芭樂，芭樂撿完撿柚子，最近在撿柿子，食物的來源多樣而豐沛。

村子裡有很多通情達理的老人家，例如有些有保護動物的概念，不會養雞來殺；崇敬自然，所以不用藥，對比很多人搬到鄉下還得跟農藥對抗的經驗很不同。一開始我也種些作物，但其實光是鄰居送的東西就吃不完。他們很熱情，會一直送菜和菜苗來，說我都出去買菜不行，還會督促我在晚上8點非洲蝸牛出沒吃菜時去撿蝸牛。有一戶鄰居是黃阿公阿嬤，阿公很熱心，學校有炕窯（khòng-iô，用土堆成土窯悶烤食物）活動，他會寫歡迎牌；有人辦路跑，他就搬出奉茶的牌子和茶水。他時常很熱情地分享人生道理，阿嬤分享起跟阿公的戀愛史時，可愛的像個永遠的少女。記得我以前為了照顧嬰兒，晚上常沒睡好，有一次開車打瞌睡擦撞到娃娃車，雖然沒在車體留下痕跡，但對方故意找碴索賠。阿公輾轉聽到消息，就跟阿嬤一起出動，幫我解決事情。人家說「千金買屋，萬金買鄰」，意外地這裡的鄰居很好，我覺得是賺到了。

目前維生的方式是接出版社設計案、做裝置藝術等案子，也辦課程、市集、分享會等。另外，今年獲得信義房屋「社區一家」楷模獎的全額補助，也幫助我持續推動生活美感的活動。記得以前曾接受性格測試，結果我屬於外向的個性，我也覺得我很需要社群，所以才會一直想在這裡推動一些事情，很喜歡這樣的生活型態。

女兒也喜歡這裡。現在就讀的國小像個大家庭，全校才20個學生，所以中午大家會圍一個圓桌吃飯。小朋友跟家長們彼此都好親近，跟在都市完全不同，人跟人之間的關係不用刻意營造。老師還會帶學生撿木頭、砍竹子。記得一次接女兒回家，看到一群小朋友爬到

慢慢知道生活方式是可以自主發展的，也就沒有那麼多的恐懼。

樹上抓雞，然後再爬下來趕雞回雞舍，我差點掉淚，莫名地很感動。我過去在都市會參加荒野保護協會的親子團，想讓女兒認識自然和擁有玩在一起的群體，可是都沒有像在鄉下生活這麼渾然天成。

回想我的童年跟自然是很親近的。因為家裡沒有電視、玩具，所以我常在戶外玩耍，那時自然環境很豐沛。我會把蝌仔、螃蟹等生物抓回家裡養，養過至少二、三十種昆蟲和動物。我家門口就是公園，蝴蝶生態很豐富，我也會用小圓凳從空中朝地面蓋，透過凳子的圓框竟然就可以看到四、五種蝴蝶，對比現在的蕭瑟，當時的回憶像是奇幻故事的場景。童年所有深刻的驚喜跟回憶都在自然裡面發生。

這也是為什麼我那麼希望讓孩子走進自然。在城市住家裡，空間裡很少有東西在變化，只能給女兒看螢幕，只有電腦或電視裡才有事物在變化；不然就得想辦法陪她，塞給她各種活動。但在鄉下，其實只要走出去，什麼東西都在變，什麼都可以看。另外，我也發現在城市生長，導致女兒的觀察力大幅弱化。例如，我從很遠就可以識別樹上的動物，但她走到離目標物30公分的距離，還是看不出來。對我來說，觀察力是我就學或工作過程中很重要的能力，可以用一輩子。但這些在小時候奠基的能力，我覺得沒有辦法在都市長出來。她現在的狀態比較有生命力，觀察力也有進步。在學校有很多時間都在玩，和同學一直在抓蟲餵雞。也因為沒有太多的刺激，很愛看書，看書的時

陪小孩再長大一次，跟著他們學習，把自己再活一遍。

候會旁若無人，養成很好的專注力。

目前的規劃是這兩年暫時還會生活在這裡。以前買這一塊地的時候，就打定主意不要再買賣土地了。嗚響雪松系列的書有講到祖傳家園的概念，土地是要傳世的，小孩長大後，永遠有一個地方等他回來，跟他的回憶連結。不過，對我來說有可以互相支持的社群也很重要，前陣子社群的遷出讓我有點灰心，那時我開始去看新竹的地，覺得那邊的社群和資源比較多，加上我在這裡還沒有找到特別喜歡的國中，女兒的就學問題也是重要考量。我有跟女兒分享這個想法，她馬上說她只有一個要求，就是這個房子不能賣掉，顯示她真的很喜歡這個地方。

我覺得大人的任務好像是陪小孩再長大一次，跟著他們學習，把自己再活一遍。我常想，到底要用什麼方式對待他們，希望他們變成什麼樣子？第一當然是快樂。但如果連我自己都不快樂，他們怎麼會快樂呢？以前覺得自己是工作機器，一直追求成就感，其他都不重要。現在會覺得真實人生的意義應該不是這個，開始重新學習怎麼樣才能健康快樂，找到生活的平衡，讓自己的生活方式和精神是可以永續和傳承的。

走進地方

INSIDE of PLACE

都蘭海側的編織工作室

1 鐵皮屋探奇

盧昱瑞

高雄人，畢業於台南藝術大學音像紀錄所，以捕捉影像為志。2005年開始拍攝紀錄片，題材大多圍繞在海港生活的人，偶爾也關注老房子和文化資產等相關議題。

對藝術家而言，一個合適的創作空間是極為必要的。但什麼樣的空間適合藝術家創作呢？這恐難有制式的標準答案，不過藝術家在有限的條件下，都會設法用盡巧思營造出適合自己的空間。

藝術家峨冷．魯魯安位在台東都蘭的鐵皮屋工作室，就宛如渾然天成地和環境融合在一起，而她所有充滿土地靈氣的裝置藝術作品，就從這裡一針一線、一鐵一焊地將想像蔓延生長成形，有海浪、有搖籃、有阿拜、有思念、有原鄉……

2019年底初訪峨冷工作室，打從心裡就很喜歡這間率性有機的鐵皮屋，當時猜想她是利用回收建材、親手打造這間工作室？還是請設計師特別設計呢？這問號一直擱置到今年9月才終於有了答案。

「我其實沒有搬來很久喔，大概是2017年才找到這地方，之前的工作室在郡界，但那邊的空間太小，這邊的空地大很多，做大型的作品就比較方便些。這工作室的前身其實是原住民風味餐廳，也是唱卡拉OK的地方。當初只有鐵皮屋頂和幾根柱子，連牆壁都沒有喔。」峨冷瞪著眼睛，環視四周回憶著過往的空曠。「其實現在你看到的牆壁，都是剛好有一些人家不要的鐵皮拿回來搭上去的，就慢慢整理，才逐漸有一個完整房子的感覺。像之前地板也不是水泥的，就是直接踩在泥土上，颱風過後裡面就積水變成爛泥巴，只要下大雨，這裡就沒辦法工作了，後來才又鋪上這一層水泥地板。」

原來只花不到三年的時間，峨冷就以最低預算打造出這間生機盎然的鐵皮工作室，除了基礎結構的鐵皮屋頂和C型鋼支柱，牆面用鍍鋅浪板和回收板模混搭而成，工作室後方牆面則用PC透明角浪板包覆，引入自然採光。主要入口的玄關地板是用南方松板材釘製而成，室內則是水泥鋪面。

之前入口處是完全開放毫無遮蔽的，僅用兩扇鐵皮外推作為遮陽棚，雖通風極佳，但隱密性低。「你看這是最近剛做好的滑軌門，請朋友焊鐵框給我，再鎖上竹竿，底部裝上輪子就成了滑軌大門。這樣要全部打開也可以，關起來既通風又有光線，而且有隱密性。如果下大雨，就把遮陽棚蓋起來就好了，很方便吧！」峨冷對這組滑軌大門的設計相當滿意。

峨冷的工作室座落在四百多坪的草地上，工作室約46坪，小型的編織作品可在室內完成，大型裝置就在草地上的遮陽棚下施作。工作室外圍種了一些竹子遮陽，門口有光臘樹可乘涼，後方還有台灣欒樹幫鐵皮屋降低溫度，植物的綠葉和斑駁的鐵皮融合成協調的建築空間，這和峨冷長年來使用多元媒材的藝術創作相互契合，藝術家與環境共生滋養。

拜訪當日，她正在努力編織即將設置於故宮南院的作品

〈Wapacapacase〉。從2002年開始，和花東的藝術家們在金樽海灘創作，峨冷就宛如遊牧般地投入畢生心力追求自我創作的極限，並透由作品來娓娓述說遠古的魯凱故事。2019年底作品〈夢與夢之間〉受邀參展加拿大國家藝廊主辦的「全球原住民當代藝術五年展——延續之火」，是原住民當代藝術界極具代表性的重要研究型展覽，不只是唯一台灣代表，也是亞太地區唯一受邀的原住民藝術家。

在都蘭部落距離海邊不到700公尺的距離，有一間小小的鐵皮工作室，裡面有一位藝術家每日努力不懈地用自己的雙手，編織著身上源自土地的故事，並將編織出來的動人夢幻作品與世界上所有的人一同分享。

來實驗吧，和部落一起找回文化

屏東．丹路國小

邱宗怡
曾畢業於心理所與紀錄所，現於交大社文所念博班，學院裡偷東西再用拍照、錄影與寫字來蓋橋，想通向偶爾感知但常被遮蔽的存有世界。機構工作經驗僅有安寧病房心理師，而總受動於邊界、瀕臨、移動與流亡。

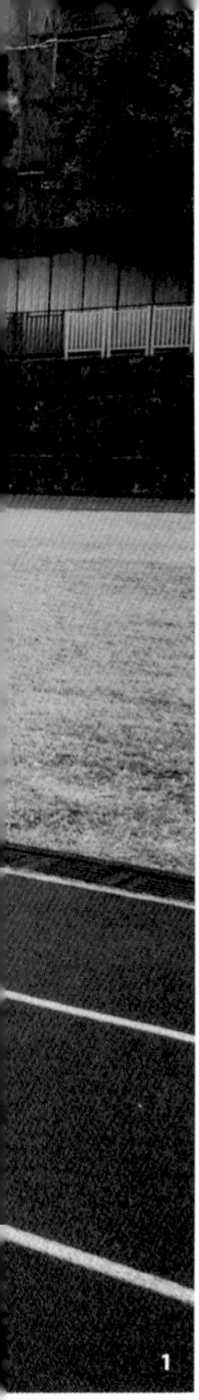

1 為銜接放學至家長下班時間，作業寫完就可以到操場練獨輪。　**2** 獨輪車具象了丹路國小的教育方向：學習自我修正、獨立前行。　**3** 學生在手工藝社團的作品，社團老師即是擅長手藝的家長。

屏東獅子鄉的丹路國小是在2018年才轉型為實驗小學的。就在學校正式轉型前一年，2017年8月13日，是丹路村年輕人們難以忘懷的日子，他們首度踏查了牡丹路古道，重新認識傳統領域與「射不力」(Sapediq)這個部落自身都早已遺忘的名字。整個部落投入傳統文化復振的努力由此才開始，也因此，丹路國小並沒有資源直接轉型原住民族實驗學校，僅能轉為一般實驗學校。

「那就來實驗吧」，彷彿帶著這般豪壯的心情，丹路國小既然不能依靠部落既有的文化資源，那就與部落合力，將文化復振與基礎教育雙軌交織，一起摸索、實驗著前進。

每次去台東進入南迴公路，總無法不注意幾乎如同南迴起點的丹路村。村子被公路攔腰緊緊切開，長途車接連不斷呼嘯而過，常讓行經的我擔憂村民們怎麼過馬路。丹路村涵蓋了四個部落：上丹路、下丹路、新路與伊屯。丹路部落舊稱「牡丹路社」（Cholobabat），與新路社（Suba）、巴士莫社（Iomaq）同屬南排灣的射不力（Sapediq）社群，位在楓港溪西段沿岸，接鄰著濱海的楓港，因而1874年牡丹社事件中首當其衝受到日軍征伐；也是在牡丹社事件之後，清政府「開山理番」展開了南迴公路的開闢。穿過部落的道路帶來了現代化，卻也讓傳統文化與部落結構日益散失。

「剛到丹路國小的時候，大家都說獅子鄉最不團結的就是丹路村，最凶悍的就是丹路村，年輕人打群架丹路村都有份。」校長吳明宗八年前到任時，除了注意到丹路部落低落忿懣的氣氛，也發現學校跟部落之間有一道疏離的隔閡。為了找回學校跟部落之間的信任關係，每個星期二晨間，校長和老師們陪著高年級孩子，分送早餐給上下部落（上下丹路）的vuvu們，「會想帶孩子送餐，一方面是發現許多老vuvu並不知道小vuvu是誰家的，小孩子也不會介紹自己是哪個家族的，但其實部落本來應該是很緊密的。藉著送餐老vuvu跟小vuvu就彼此認識了，也讓孩子有跟vuvu說母語的機會。我雖然不是部落人，但教養孩子要動用全村落的力量卻是到哪裡都一樣的，不能讓孩子跟母體環境脫離。」

連結漸漸建立之後，校長也並未就此退回校園，為了提振部落整體的社會氣氛，讓孩子有正向典範，能向家鄉長輩認同與看齊，校長申請伊甸基金會的計畫經費扶植部落工坊，例如上部落教會師母的麵包工坊、村長的木雕、伊屯的編織跟皮革。但這不是幾乎在做社區營造了嗎？校長聽聞我的問題就笑了，彷彿已經被質疑過許多次，「確實很多人說，學校管好就好，幹嘛管到部落，但其實一定會回到在地議題，例如隔代教養、經濟弱勢、

1 部落風社團本週的任務，是要學習生火煮竹筒飯與烤肉。 **2** 洪懷生帶著孩子親手練習鋸竹筒，以在野外製作杯子。

缺乏正向典範等等，學校、家庭跟部落構成孩子的環境，部落如果無法提供支持，學校怎麼教都沒有用。」

整個部落一起來照顧孩子

拜訪學校的週二午後剛好是社團時間，我因此能像跑班一樣每個社團去作客一下。帶領社團的都是部落裡的長輩，手工藝社與編織社是由經營工坊的家長來帶；口語社是下部落主席教母語；烘焙社是在教會，由上部落的教會師母教做糕餅點心；上部落主席洪懷生帶的部落風社團則一定會走到戶外。那天他們計畫要煮竹筒飯與烤肉，因為是作客的最後一站，我到的時候竹筒與豬肉已經在火上烤了，參與這個社團的都是高年級男生，幾個人圍在爐旁顧火，一個人正洗著竹葉準備充當食器。

同時也是「射不力文化復振小組」成員的洪懷生藉著部落風社團，想帶孩子體驗自己小時候，長輩帶著他做過的事，有時候到部落周邊的荒野探險，練習全部人只攜帶一瓶水共享，也放過捕鼠籠嘗試打獵，但他語帶失落的告訴我，他不會埋陷阱，因為從來沒有機會跟獵人學習，「我這一代是最失落的世代，當年讀書時學校並不鼓勵母語與傳統文化。」

社團用實作體驗，週三下午的「射不力學堂」則由「射不力文化復振小組」成員們帶領認識社群的文化與歷史。射不力群文化復振始於三年前，加上部落工坊，部落的能量逐漸累積，一年前，這些部落大人們終於能夠承擔起文化教育的擔子，便正式加入教學隊伍，與學校合作，一邊帶部落的孩子，一邊自己也在尋回祖先的智慧。「孩子是部落的資產，部落是孩子的靠山。不應該只是交給學校照顧，應該整個部落一起來照顧。」洪懷生這麼說，同時一邊叮囑著學生們炭火不夠要再添了。

肉烤好後，大男生們嚷著要喝汽水，我環顧四下心想，根本沒有

3 下部落主席正利用社團課時間帶學生練習母語。 **4** 校舍新建期間的臨時教室，教室佈置也是學生們自己製作的。

杯子啊，大家怎麼喝呢？才正疑惑著，旁邊，洪懷生就帶著學生們鋸起了竹子，不過頃刻，一個學生就用竹杯盛了滿滿冒泡的汽水給我。

邊做邊找，自己找回自己的傳統

申請轉型為一般實驗小學時，校長回頭從跨文化的兒童需求，以及丹路當時的社會狀況來尋找方向，決定扎根品德教育，以七個習慣養成學生的自我領導力。校本課程因此包括：七個習慣、領導力實踐、讓愛轉動、鏡頭閱讀，與古謠。

老師的教學內容設計也都會與部落結合，例如上學期有個班級的「讓愛轉動課」，老師帶孩子採訪學校負責開關門和保全的vuvu，幫她做紀錄，採訪紀錄就叫作《學校守門員》。「領導力實踐課」也結合部落文化，例如上學期三、四年級兩班與文物館合作，讓孩子運用傳統頭飾圖騰與自己的想像做出自己的頭飾。為我介紹課程的主任戴郁珊解釋道，所謂自我領導力，是自己找回自己的傳統，進而能主動在傳統的基礎上新創；部落的故事也要自己去找出來，讓孩子去問vuvu、找在地物件、找資料。

這個學期，戴郁珊計畫帶高年級學生與衛生所合作，去做部落裡的健康調查，了解部落人們普遍的健康需求與認知，她觀察到衛生所資源與部落需求時常銜接不上，「我們也是邊做邊找，先做一個簡單的調查，然後把結論傳遞給衛生所，孩子也可以找出自己的方法，與家人溝通健康議題。」藉著這個過程，孩子們不僅能自我健康領導，還能把領導力帶回家庭。

戴郁珊自己是丹路部落的孩子，自小也就讀丹路國小，親身感受到學校與部落的改變，「小時候學校的活動很形式，辦完就沒了，可是現在不是，我感覺有股情感在。部落也是，以前人家都說我們這裡是文化沙漠，外界看丹路的孩

1

2

子會覺得很野，但最近有一個鄰校的老師來訪時跟我說，『丹路的小孩不一樣了』」。六年級的Kivi在跟我分享「最喜歡丹路國小的什麼」時，確實友善又自信，「最喜歡領導力課程，因為老師會帶我們用討論的，例如最近在討論畢旅要去哪裡，討論可以動腦。」

穿越百年時光，把歷史翻轉成未來

丹路國小目前38名學生，卻有15位老師，表面上師生比看來很好，但其中正式老師只有6位，代理老師則高達9位，由於位在南迴沿線，地處偏遠，生活機能不便，每年都面臨招不到老師的困境，丹路國小因此頗依賴與「為台灣而教」（Teach For Taiwan，簡稱TFT）的合作，目前代理老師中，TFT老師就有6名。儘管不致缺額，但每兩三年就必須換一批老師，不但老師要重新培訓，不斷適應新老師對孩子們來說，也非常辛苦。

儘管如此，部落裡積極復振自身文化的年輕人們還是帶給校長很大的信心，「這群年輕人們共同的默契就是——領導丹路。我對我們孩子的期許也是，領導自己，終至領導丹路。」

就在牡丹社事件次年，1875年，俄國軍官Pavel Ivanovich Ibis旅行途中所遇見的丹路人，不僅毫不粗野，甚至是充滿本真魅力的，「這次到台灣訪查過的原住民當中，我最喜歡Saprek射不力人。他們單純而善良，誠實而開朗，知足樂天，無憂無慮。雖然他們的外表長得不帥，身材較矮，但那知足開朗的個性，自然之間就散發出魅力，讓人有可以完全信賴的感覺。」

我總感覺，130多年後的丹路國小擁有創造連結的神秘蟲洞，部落內外人們的協力、學校與部落的合作，以及長輩同孩子的攜手，他們也一定能穿越百年時光，把歷史翻轉成未來。

1 學生們正在留校寫作業，待會操場就會在夕陽中被喧鬧沸騰。

2 校長走在部落裡，與經過的家長聊起孩子狀況。

親愛的柏璋

讀到來信，提到知本濕地，內心立刻湧出複雜的情感。好一陣子沒去台東了，想到四年前我就是在這種季風吹撫的天氣抵達知本的。

當年為了記錄風災後的濕地生態，從秋天開始調查，一開始真覺得那是文明的大廢墟：農業排水蓄積為沼澤，畜牧業引進的入侵雜草、紙業引進的入侵灌木鋪天蓋地，海邊一片木麻黃造林，還有早期為提高徵收價格特別種植的成群椰子樹，更別提整個區域其實是早年的遊樂場預定地，才因此徵收、整地，又意外閒置的。這樣的地方，為何值得保護呢？

但很快，我就目睹了紅隼、遊隼、黑翅鳶，甚至罕見的花澤鵟，停在水邊的椰子樹上狩獵。每一隻猛禽都代表這裡食物網的健全，他們像傳遞訊息的天使，告訴我，土地的價值不能輕易從外觀判斷。

幾年前曾有一對東方白鶴在這樣的沼澤駐足，知本濕地四個字，就是因為這對稀有迷鳥的造訪，才讓在地關注環境的群體集結發聲，為濕地命名。可見廢墟未必只是廢墟，後來我爬梳了北至關渡南至旗津，整個西部的重要濕地群，無一例外，都有著類似的廢墟身世，卻又各自精彩。

入秋後，從東北角到台東平原，逐漸被季風連結成一個整體——台灣的東海岸，是東亞候鳥遷徙重要的廊道——可以這麼說，到了冬天，我個人的地方感，就會被季風往南一路延長，抵達台東知本。

需要大面積草澤的候鳥，由北方抵達後，往往會先落腳宜蘭的水田與魚塭，第二站大概就是台東平原了。台東雖有較多旱田，但幾條大溪的出海口會因季風帶來的漂沙而斷流，形成封閉水域，配合周邊條件，產生季節性的湖泊、草澤、林澤、泥灘等

FROM
瀚嶢
新北．新店

黃瀚嶢

生長於台北，在城市間隙發現觀察野地的樂趣，從此流連忘返。森林系畢業後，從事生態圖文創作與環境教育，經營粉專《斑光工作室》，靠著偶爾路過的靈光努力生存。

景觀，目前仍保有諸般特色的就屬知本濕地。深入探究後，我才理解當代的環境變遷，偶然會拼湊出意外的價值，除了緬懷逝去的原始荒野，我們也應該多正視這樣新生成的保育契機。

哲安在宜蘭新南村營造的水田就是例子。當經濟活動意外與候鳥的需求接軌，透過農業的維持，就能讓過境鳥類得以安棲，我們的消費與飲食也有機會配合鳥類的物候（註），彷彿成為生活的一部分。

然而現在知本濕地因投機又倉促的地面型光電計畫，已幾乎要動工整地了，被工作困在台北的我，每天看著相關新聞，感覺也是自己一部分的生命地景走向壞毀。我多希望這片濕地的價值可以延續呀。

台北又下雨了，我想像這波鋒面也將在知本落下一場雨，也許最後一次，在濕地的椰林旁，傳來秧雞的聲音。

新竹也下雨了嗎？

東方白鸛

Ciconia boyciana

東方白鸛是喜愛草澤的鳥，理論
上稻田是其適合的棲地，但使用
農藥對他們是很大的威脅，不受
干擾的大面積草澤，已經很少了。

註：物候，指生物隨著季節變化而產生的週期性現象，如植物花期，候鳥遷徙的時間等。

親愛的瀚嶢

看著畫工精細的插圖，便想起今年10月，那隻乘著季風現蹤南台灣的東方白鸛。我還來不及趁高雄老家時前往追風，新聞卻從原先令人振奮的報導，轉變為哀傷的消息。無論如何，一隻重要而美麗的大鳥現蹤，如同一粒丟入水池的石子，是可以擾動一群人或一塊地的。但願知本溼地能在陣陣季風稍歇之際，迎來曙光。

新竹的九降風已經吹送兩個多月，依然保持乾燥強勁的態勢。在市區的水泥叢林裡，除了攤商擺出的柿餅和米粉，與季風的連結感其實相對薄弱；此時，我才想起那條我們曾經走過好幾回的南清公路，似乎是一條讓新竹人與季風連結的廊道。

南清公路西端點位於南寮，先前常為公事前往時，總會繞到附近的金城湖賞鳥。那是一塊海埔新生地裡的半人工湖，當初規劃用作調節水位或排水，然而那些堆積起來的沙洲，如今深受水鳥喜愛，使金城湖成為新竹知名賞鳥點。這是偶然還是刻意呢？至少可以期待，最近這波冷空氣，或許又將帶來一批新的候鳥，延續濕地的價值。

南清公路東端點位於清泉，再深入就是你我都熟悉的觀霧了。12月的觀霧，是落葉性樹種的變葉季節，錯落各處的紅黃色調，照暖了寒冷的山嶺。大鹿林道東線上，大霸尖山登山口旁，老獵人阿更年輕時種下的那棵山櫻花，也跟著染色了。這株山櫻花在落葉前，會出現紅、橙、黃、褐等色彩漸層，偶而在葉面還留有蟲咬的破口；如此斑雜的花紋模式，應該不會有什麼新奇發現吧——至少在我服役那年、遇見銀目天蠶蛾前，都是如此相信著。

FROM
柏璋
新竹・新竹市

陳柏璋
熱愛山、攝影與書寫的野外咖，時常帶著相機與紙筆，在野地裡打滾整天。目前與一群好夥伴共創森之形自然教育團隊，試圖在人們心中埋下野性的種子。

銀目天蠶蛾

Rhodinia verecunda

銀目天蠶蛾擁有鮮明亮眼的橙黃翅紋，感覺出現在任一處都可能引來天敵，然而，當牠無意間飄落到這株山櫻樹下的落葉堆時，竟像一塊完美拼上的拼圖。如落葉般的鮮豔翅紋，配上那覆蓋薄薄銀色鱗粉的透明翅窗，遠觀時像極了有破口的葉片。後來，我替當時拍下的照片寫一段文字，投稿科學攝影比賽，還入選佳作呢，這片「落葉」也因此飄到科博館去展示了。

其實，大鹿林道東線也是在經歷各代的人類擾動與環境變遷後，偶然形成的生態地景。如果這裡豐富的土地故事可以讓人們知道，並認同它存在的意義，進而選擇參與環境教育、生態旅遊、低衝擊性登山等友善環境的行動，這份價值也就得以延續。

寒冬將過，期待初春時收到你的來信。到時候，應該也是個色彩斑斕的季節吧？

中海拔冬季限定的銀目天蠶蛾，在山櫻花變葉時現蹤。
而在葉片落盡後，牠也悄悄消失，
彷彿一枚真正的落葉般，歸於塵土。

東港人對溫王爺信仰虔誠，鐵證是八千萬的黃金牌坊。

4 村里紀行

東港舊城區的生活依戀

福熊

南台灣偏鄉教育工作者，專長繪畫，曾夢想作品可以名留美術史。現在的興趣是到處吃吃喝喝，當個非典型的飲食人類學者，做個漫遊世界並負起生態責任的旅人。

延平老街跟一般觀光老街不同，瀰漫著美人遲暮之感。

位在屏東中段的東港鎮，是個濱海小鎮，透過台17線與187縣道對外聯絡。這兒有富饒海產、勤奮人民，居民普遍信仰虔誠，同時也是我的家鄉。

有回憶和情感的舊城區

在東港溪以南、台灣海峽以東的區塊，以延平路、中正路和中山路為骨幹，擴散出去的周邊街區，即是東港早期發展的區域，也是支撐三年一科「迎王平安祭典」運作的七角頭勢力領域。住在舊城區是一種依戀，被熟悉的事物圍繞，除了有安全感，還處處縈繞著回憶。

漫漫42個年頭，看著東港地貌逐漸轉變，長輩們常說「地氣在走」，確實十年河東，十年河西。由

於舊城區開發已滿，新住宅與商店逐漸往東北方移。父親曾說過現在又黑又臭的東港第一大排，那些地早些年是魚塭，還種著稻米，以前是可以「摸蜊仔兼洗褲」的地方。

大多數人對東港的印象，都是來參拜東隆宮、大啖黑鮪魚；或是到東琉線碼頭坐快艇到小琉球、前往墾丁路途中的休息站，東港一直是個做為跳板、承受「被路過」的命運。其實除了進香、吃海產，舊城區內有許多值得玩味的地方，我常常騎著單車閒晃，自成散步生活路線。

從老街出發走訪小鎮繁華

延平老街是昔日繁華核心，數棟典型日治時期的仿巴洛克式建築，外觀塑造精細，見證著東港發展軌跡，有「東港第一街」美名。位於街尾的福安宮，為東港三大公廟之一，朝隆宮也在老街其中，除了可來此欣賞傳統匠師黃龜理的雕刻技藝，香客停車場的牆面塗鴉還畫下了「蝦米媽」，代表長久護佑漁民的形象與時代新意。

而東港信仰中心的東隆宮，也可買金紙、線香向溫王爺拜拜碼頭；運氣差者，還能自行懺悔行為，自費被班頭衙役打屁股、改改運。進香結束別急著離開，可以繞至公廟後方的共和新村，有成蔭綠樹搭配日式老屋，加上慵懶貓隻，是東港人的祕密公園。

續往南行，會看見有著紅色拱形結構的豐漁橋，駐足其上觀看溪流、古厝、舢船，就是組成早年油畫家廖繼春筆下的風景。橋的兩端有兩條路線可選，若走新生一路，可探訪修船廠，看大船上陸定期去角質和上粉，續往前行還能觀看一塊塊碩大冰塊從天而過，由製冰場二樓通過空中滑道，滑至船邊冰塢，都市人總為港邊的小小「雲霄飛車」感到新奇。

若是取徑豐漁街，則會來到海濱國小，可進入一探日本神社與孔子祠共生的特殊景觀，與小義人雕像韋啟承的捨生取義。出校後，沿著鎮海路到鎮海宮看波浪式神龕，各類水族遊過漁網型藻井，讚嘆海洋文化與宗教藝術的精美結合；想更親近海味者，不妨繼續走往鎮海公園，園內就有黑沙沙灘，是踏浪堆沙的愜意地點。

飽嚐東港小吃三寶

台灣小吃在國際間小有名氣，而東港的餐飲在國內應可列前段排名，漁港每天供應新鮮魚貨，光復路沿線的海鮮樓料理包君滿意。傳頌東港三寶是「黑鮪魚、油魚子、櫻花蝦」，若預算有限的話，我認為東港小吃三寶「飯湯、肉粿、雙糕潤」不可不嚐。飯湯充滿海洋鮮味，不僅特色十足，且價格實惠。肉粿如同泡在濃湯裡的鹹粿，條狀的肉粿軟Q白淨，淋上用米漿、大骨和虱目魚肉熬成的濃湯，配料是蝦猴、炒三層肉和自家醃製的香腸。一口肉粿，一口濃湯，一口香腸，加點香菜，加點蒜泥，加點辣油，各種滋味在口腔流轉，合奏出獨特的東港印象。

東港菜市場活力十足，熙來攘往，新鮮雞鴨魚肉蔬菜水果，還有各方雜貨。老字號的邱家雙糕潤，最有

1 共和新村原是日本海軍高階官舍，也是演員金士傑的故鄉。 **2** 道明會東港天主堂的空間與光線，為祭壇塑造極特殊的氣氛。 **3** 當年怪手拆除東港神社時突然故障，校方便順勢改為孔子祠。

名的是黑糖夾層會爆漿。阿娥越南河粉最近賣起圓筒造型的南越粽子，我特別喜歡芭蕉口味的酸甜享受。如果擔心吃太多，還有多個場所可運動。我常帶親友孩童到母校——東隆國小玩溜滑梯、跑跑步，看學生們盡情揮汗鬥牛。晚餐前後，再到東港河堤上來回穿梭，在夕陽餘暉中散步，在黑夜清風中散步，情調各有不同；健身流汗後，河堤公園也設有多個咖啡雅座，就近把消耗的水份與熱量都補充回來，實是快意非常啊！結束散步行程之前，若是對建築設計結構有興趣者，別錯過附近的「道明會東港天主堂」，1960年落成的現代建築，靈感源於出埃及時期帳篷，斜邊尖端向天，讓這歷史建築貌似巨型滑翔翼，也是鎮上的小小奇景之一。

1 修船廠內，漁船正上陸修容，對一般民眾來說是新奇景象。 **2** 傍晚，居民在東港溪河堤上漫步，放鬆地欣賞夕陽。

東港舊城區
生活地圖
Map Design — Hui
東港河堤公園
進德大橋
東港溪
東琉線
交通客船
聯營處
朝隆宮
中山路
中正路
菜市場
延平路
新生一路
福安宮
東港漁港
東隆國小
豐漁橋
東隆宮
東隆街
海濱國小
(孔子祠)
小義人
豐漁街
鎮海宮
鎮海路
台灣海峽
鎮海公園
興海

以小吃之名，匪夷所思

鄭順聰
作品有詩集《時刻表》、《黑白片中要大笑》，散文《海邊有夠熱情》、《基隆的氣味》、《台語好日子》，小說《家工廠》、《晃遊地》、《大士爺厚火氣》，繪本《仙化伯的烏金人生》。

插畫—Tui

某次和Youtuber拍美食影片，她們買來夜市裡各式小吃，出題要我翻譯成台語。

哼！這小case，山珍海味都難不倒我啦！

說時遲，Youtuber那時快問道：老師你知道什麼是「七里香」嗎？我傻了，啞口無言，只見她們笑嘻嘻的從紙袋裡抽出油滋滋的雞尾脽（ke/kue-bué/bé-tsui）。啥貨！原來鹹酥雞菜單列出的七里香，就是雞屁股，真是匪夷所思！

一條大腸，各自表述

華語說小吃，台語正統的稱謂，是點心（tiám-sim），匪夷所思之處可多了。

影片拍攝完，我們邊聊天邊把滿桌tiám-sim清光。Youtuber幽幽回憶起，那時剛從高雄負笈北上台北讀書，為解思鄉之情開步去逛夜市，在烤肉攤點了份大腸（tuā-tn̂g）。趁燒烤空檔，溜去附近買了杯飲料，想說回去拿取時，持起竹籤就要咬破焦香腸衣，品嚐蒸騰糯米散發出來的香氣與飽滿。

沒想到，老闆交給她的，是一串皺巴巴的豬腸子，還抱怨為了「人客的要求」，特地洗了一副、抹上醬料費心烤……

呔會按呢（thài ē án-ne）？將炒熟的糯米料塞入豬腸衣，

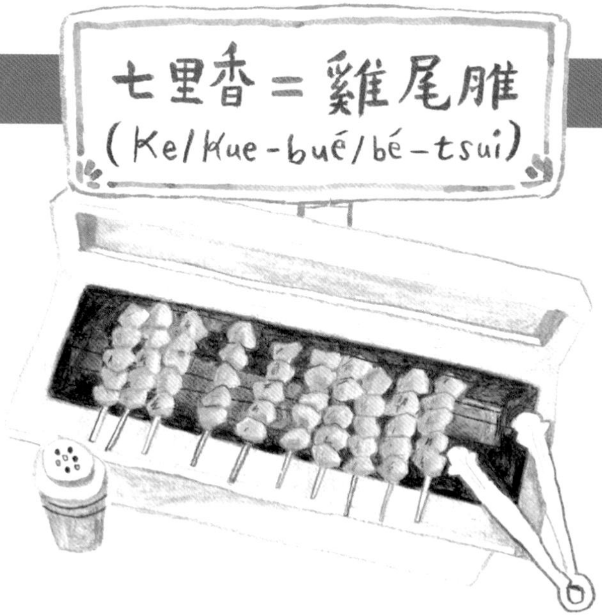

打結成一截一截的來烹煮，正式的名稱是秫米腸（tsu̍t-bí-tn̂g，糯米腸）。但在中南部，日常的稱呼是大腸（tuā-tn̂g），無論是菜市場專售給家庭主婦包回家、鹹酥雞品項、香腸攤的大腸包小腸，都是這麼叫的。但在北部，台語說「大腸」常被誤會為「豬大腸」；若你要吃「糯米腸」，比較通行的說法是大腸圈（tuā-tn̂g-khian）。

久居台北，我深明其差異——卻在我回嘉義跟媽媽說到基隆著名的「大腸圈」時，被她糾正：咱民雄叫大腸箍（tuā-tn̂g-khoo）啦！圈（khian）和箍（khoo），皆描述團狀或長條物那一圈一環的樣子，因各地源流與習慣不同，稱謂殊異，卻是同樣的油香脂腴，無比飽足啊！

圓輪狀包餡的外來甜點

糯米腸為台灣傳統美食，異稱就那麼多了，更別說外來事物，尤其是日治時期引進的新飲食，於南於北衍生出不同的名稱。

家族裡有位伯公，以「殺豬」為業，我們都叫他刣豬仔伯（thâi-ti-á-peh），年紀大、體力衰退後，洗去血紅雙手轉業，買了台電動三輪車開到民雄街上，用瓦斯升火烤熟爐台平面，上有一圈圈凹洞。只見伯公倒入麵粉糊，平抹均勻，舀一匙匙紅豆或奶油進去，待爐台另一半的餅皮烤熟，就用薄刀掀起倒覆，合體！

不直道名諱，光憑描述，讀者口中便能說出答案：我小時候都叫紅豆餅（âng-tāu-piánn），源自日本的和菓子（甜點），因裡頭包的餡多為紅豆。待我到外地經歷，攤販招牌題上車輪餅（tshia-lián-piánn），取其外形宛如車輪模樣。

太太娘家七堵街上、媽祖廟斜對面也有賣啊，她卻說管仔粿（kóng-á-ké/kué）。喔，此說法很古老啊！稱「粿」取其軟彈的狀態，或說古早台語人將這種甜點稱為粿。至於管仔（kóng-á），我推測，是因攤家會將餡料用一「圓管」盛起，末端對著平台圓洞，方便撥刮而入。

許多歷經日治時代的長者，也不說台語啦！直接就日語下去：たいこまんじゅう，太鼓饅頭。（註）

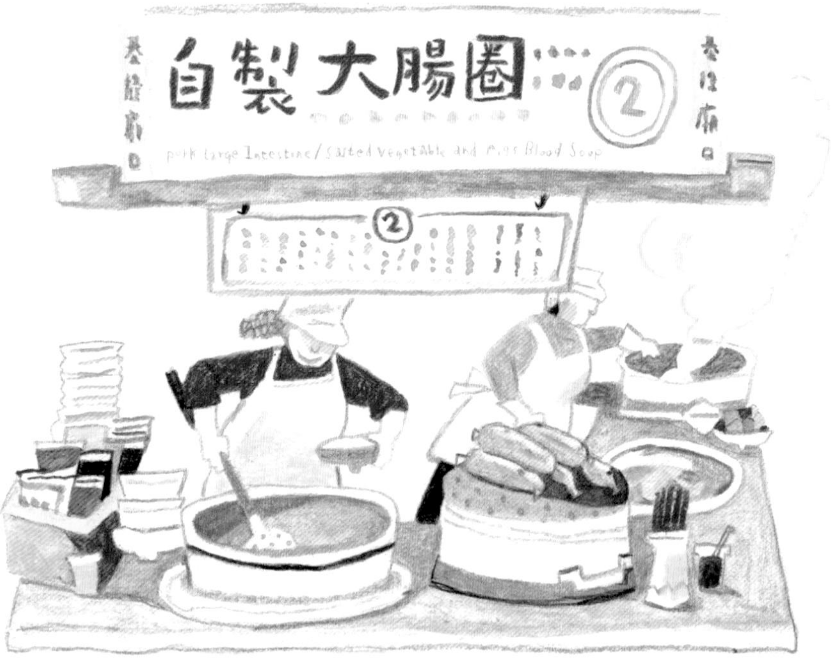

答案就在你的嘴上

小吃有異稱，易造成誤會，卻是聊天的談資，在細節的差異中產生趣味。將地瓜捏成球、入油鍋炸的夜市小品，稱為地瓜球、番薯球，或是QQ球、QQ蛋。很多大學生無論是南到北、北至南讀書，不經意便會發現這小小的生活樂趣。這可都是台語喔，番薯是han-tsî/tsû就不多說，而Q是台灣食物特有的口感，連《紐約時報》都曾專文討論過。此字台語是第七調，不是英文Q的第一調：那介於軟與韌之間的彈牙口感，台語的正字正音是𩚨（khiū）。

文章的最後，來個開放問答。曾有媒體調查，外國人最畏懼的台灣食物，計有臭豆腐、雞腳、皮蛋，還有一片黑沉沉的，上頭沾濃醬、撒花生粉甚至是香菜上身的那東東！

相信讀者腦中自然而然就浮現出形象，幽密沉浸於滷汁是一絕，或蒸籠一掀、壯闊水氣帶來的台灣美食進行曲。在你口水分泌、齒牙舐舔之際，你有沒有想過：這要叫米血（bí-hueh/huih）？還是豬血粿（ti/tu-hueh/huih-kué/ké）？這是南北異稱？還是原料不同？

答案在嘴上，快去請教成天追逐美食的專家，或善於生活技能的長輩，更要敬重食肆中揮汗討活的勞苦店家，生活無處不學問啊！

註：紅豆餅源自於日本關東的「今川燒」，在日本各地也有不同稱謂，太鼓饅頭主要是關西與九州的說法。

糖油鹽留下的地方基因

賴進貴
台灣大學地理系教授，專注地圖與地理資訊研究。出生於台北劍潭，成長於台北東區，見證台北都市變遷發展，積極推廣生活化地理，投入教科書研發，且為教育部課綱訂定委員。

「柴米油鹽醬醋茶」，最平凡不過的民生物資，卻是許多地名的源由。

油車不是真的車

台語的「車」常代表「機械」，「油車」和交通工具無關，而是早年用來榨取食用油的設備。在沒有沙拉油的年代，花生油和豬油是主要食用油，油車是用來榨取花生油，兼榨麻油、茶油的設備。

插畫—HUi

傳統花生油製造過程包括：烘、炒、磨、榨等，剛收成的花生經過烘炒以減少水分，磨成細沙般的粉粒後，放入榨油設備中施以高溫和高壓，花生中的油脂即涓涓流出。以油車榨油是簡易的加工製造，設備簡單且所需空間不大，可混居在市街中，所生產的食用油直接賣給街坊鄰居或批發給雜貨店銷售。

直到1970年代初，我家雜貨店賣的花生油仍是散裝，客人需要自備玻璃瓶來打油。食用油是民生物資，全台各地都有油車行，相較於雜貨柑仔店，相對稀少的油車行很容易成為地標，進而成為地方的名稱。

1970年代之後，沙拉油以價格低廉的優勢逐漸取代花生油。沙拉油生產流程複雜，需大型廠房設備與投資，非一般市井小民可經營，早年的油車行逐漸消失，「油車」地名則被保存下來，全台各地的油車地名約有80個，如：頂油車、下油車、油車口、油車坑、油車窩等，反映著早年的農業加工和食油消費。

甘蔗田中的千秋糖業

地處熱帶的台灣，甘蔗和稻米曾是最主要的兩種作物。台灣甘蔗種植起源甚早，主要用於製糖，相較於油車榨油，製糖過程更為簡單，只要榨取甘蔗汁加以熬煮即可。由於甘蔗體積龐大，運輸費用高，農家常就近在甘蔗田旁進行加工，搭起遮雨的寮舍、架上石具，利用牛隻幫忙榨取甘蔗汁，甘蔗殘渣還可以作為燃料，現榨的甘蔗汁就近放入大鍋熬煮，即可提煉出初級的糖品。

早年中南部平原有許多製糖寮房，依其規模和民眾習慣而有糖廍、糖寮、糖間、蔗廍等不同說法。這些製糖處所在一大片甘蔗田中容易成為地標，進而被當成地名。

日治時期引進現代化糖廠，製糖成為寡佔事業，常以株式會社的方式經營。傳統的糖廍、糖寮被糖廠取代，並衍生和糖廠有關的地名。近數十年來，由於國際貿易開放，台灣產糖成本高難以競爭，甘蔗種植的盛況不再，而糖廍、糖寮、糖間、蔗廍、糖廠等地名則被

保留下來。內政部地名資料庫所保留的糖／蔗相關地名尚有130個左右，主要分布在西南部雲嘉南平原上，顯示早年糖業興盛，及糖業就近甘蔗產區的發展特色。

產業消失留下地名記憶

鹽是家戶必備調味品，然而鹽的功能不僅止於調味，更是維持人體正常運作的維生物質。在交通運輸不便的早年社會，如何確保鹽的生產與配送是國之大事，常設有專職官員（鹽務官）負責處理。

四面臨海的台灣並不缺鹽，西南沿海地帶有許多鹽埕、鹽埔等地名，顯示早期是晒鹽、產鹽的地點。而鹽的配送銷售也衍生許多地名，如：鹽店、鹽行、鹽館等。鹽店、鹽行是民間經營的店家；鹽館則是清領時期，因應人口增加產生的食鹽供需失調問題，官方頒布鹽業專賣制度，並設置「鹽館」掌握鹽的運送和供給。日治時期，繼續實施鹽的專賣制度，販鹽許可大多由權貴家族或其親信所掌握。鹽的相關地名記錄了鹽業的生產和分配史，也反映鹽務政治。

基本民生需求還包括許多傳統的簡易製造業，如打鐵、陶瓷製造等。用來築牆的磚、覆蓋屋頂的瓦、盛水的水缸、醃製釀造用的甕，以及碗盤杯瓶罐等居家用品，都是陶瓷窯燒的製品。精緻的陶瓷不僅是民生用品，也是藝術品。

為了生產各類的陶瓷產品，全

台各地設有許多磚窯、瓦窯、陶瓷窯等，和「窯」字相通的包括窑、窰、磘，相關的地名如：磚仔窯、瓦窯、瓦窑等遍佈各地區。隨著新型窯業的專業發展，窯廠的數量大為減少，早年窯廠必有的煙囪也幾乎被拆除殆盡，但大量的窯業地名依然留存在我們周遭。

生活、飲食、生產都在持續改變中，但偶而會倒轉一下。前幾年食用油品質出了問題，喚醒某些民眾的記憶，部份傳統油車重出江湖，提供簡單純樸的食材。地名有如一個地方的遺傳基因，記載著曾經有過的產業發展和民眾生活。話說，現代的我們創造了哪些新地名？留給後代什麼記憶？

合歡群山上的海浪與波粼

蓋瑞
規矩遊走於地質與藝文之間的旅人，《Geostory聽聽地球怎麼說》科普平台共同創辦人之一，沉醉於探索地球科學的本質。現居清幽的山區小鎮，不斷以書寫向外界傳遞科普知識。

打開車窗，湧入的沁涼空氣與灑落的耀眼陽光拍打臉頰，意圖使人清醒。輕盈感是每每上山時最強烈的感受，我忍不住將手稍稍伸出車窗外，讓指尖隨氣流自在擺動，像是空中展翅翱翔的鷹、也像海中優雅游動的鯨。

沿台14甲線，經清境蜿蜒而上過昆陽，我們一行人的目標——合歡群峰就落在台灣海拔3000公尺以上高山環境。這裡的植被特性

不同於中低海拔環境，挺拔的針葉林與低矮的箭竹林看來壁壘分明、兩者色澤又很不同，因而在交界處延伸出獨特的線理。

高山植被的分布差異取決於氣候，而氣候明顯受地形影響。從武嶺制高點觀望周遭地形，到處可見東緩和、西陡峭的單面山地形，東側植被低矮且呈青草綠，僅在接近谷地處長有針葉林相；西側的陡坡倒是唱反調似的長滿了墨綠色的針葉林。大自然就這樣奧妙的，以接近野獸派的藝術手法，將整片山地塗染成毫不扭捏的大色塊巨作，意圖讓初登高山的人們視覺震撼。

有著海洋根本的岩石巨浪

我們的車停在武嶺停車場，一旁巨大灰黃色的赤裸岩壁，在高山陽光照射下十足閃耀，毫不掩飾自己的存在。岩壁由厚薄不一的垂直岩片或層或片堆砌而成，大小不均的岩片表面一致反射出絲絹般的光澤，實在很難相信如此柔軟的光澤會出現在堅硬的岩石上。

環顧周遭，合歡群山的步道兩側幾乎可見這類學術上稱為板岩（與千枚岩）的岩石，它們都屬於變質岩的一種，岩石中的泥質成分又洩漏出寓意深遠的大地故事。

就像許多具海洋文化的民族認為，生命誕生自海洋、而終歸於海洋，兀立於高山的片狀岩石為大地生命體的一部分，也不例外的，誕生自比人類文明更為古老的海洋中。

硬而脆的板岩，曾為五百多萬年以前堆積於深海中的柔軟黑泥，黑泥又是某種更為古老的陸地岩石經數百萬年以上風化、侵蝕後，搬運至深海的極細碎物質，這讓泥的年代感又加深數倍。接著因為大地的運動、板塊之間擠壓碰撞，這些軟泥先是被埋進比海更深的地底中加熱、加壓、變質；直到三百多萬年前，變質成岩的泥又被推出地底之上、海面之上，成為台灣南北縱向、數條巨大山脈的其中一支。

看著眼前這些曾經飽吸海水至根本已屬於海的物質，就這樣被推擠至此，我想，從更宏觀的尺度來看，合歡群山其實就是固結的滔天巨浪，山稜是浪潮端線的展現、層層堆疊的岩片為往復的潮水、岩石的褶皺是波、而岩面的粼粼波光是山透露出對海的思念。

山有著海洋母親的輪廓

背著重裝，以登山杖輔助，我們一行人沿垂直岩層劈理面的山徑往營地前進，岩片邊緣形貌不規則的特性讓山路顯得崎嶇難行，但相較於建置完善的階梯，這種天然步道在高山健行中，除了讓人專注於每一步而稍微忘卻疲勞，還能提供些許趣味的想像。畢竟，若將腳踩之山稜線比作浪潮前緣，登山的我們像極了衝浪客；而隨手拾起地上任一塊碎石，其表面平整而略微折曲的特徵，在光線下反射出條帶狀的紋路，就像手握不會消逝的、固

群山上登山的人們。

層層疊起的板岩片。

結的古老水波化石。

高山岩石的另一種趣味來自聲音，每次腳踏穩地面的瞬間，鞋底與岩石摩擦產生的「咚咚」低沉悶音、與岩石受力產生微小清脆的「喀啦」碎裂聲交錯出現，好像我們踏碎了浪、以人工的方式翻攪出岩屑的浪花。爬山的人若將眼、耳、心完全投入於山中，會發現山有著海洋母親的輪廓，我們一直沒有離開過母親的懷抱。

有人說過，愛山的人與愛海的人是兩種不同屬性的群體，爬了山的我倒是有點質疑這種說法。我想，愛山的人其實也愛著海，只是他們愛的是更為古老的海洋、成為化石的海洋，而爬山的人藉著身體與山的接觸，來喚醒身體細胞中對海的深遠記憶。

高山症之外的低山症

這趟合歡群山之行，帶頭的朋友反覆提醒我們高山症的危險性：「高山環境低溫、低壓、低氧，人可能因不適應而有身體不舒服的狀況，嚴重者可能致死，所以任何高山上出現的症狀，都應先視為高山症處理。」有趣的是，從高山回到平地時，溫度、壓力、含氧量的提高，也會讓好不容易適應高山環境的我們再次感受到新的不舒適，這叫做「低山症」。

這時我也終於明白，為何在才剛下山返家的車程上，我就立刻想念著那群山了。

誠實商店的
田調工作坊

胡庭碩

喜歡做飯，喜歡擁抱，喜歡生活在鄉村。經營「地方創生的人們」臉書社群，目前週末窩在「雙溪一十四」被山林與河流照顧，也住過海邊，行事熱鬧生猛，常讓人忘記他罹患肌肉萎縮。

有聽過小農誠實商店嗎？沒人顧店，消費者從架上自行選購，再依照標示投入相應金額。每次交易，都有機會在顧客心理創造一種「啊～我被其他人信賴」的感受；每次攤主理貨，也有機會覺得「嗯！果然社會還是值得信賴的」。而每一次接觸，也可以創造許多內心戲空間：

一、上面擺放的農產值得信任嗎？

二、我要不要選走一些我想吃的食物？

三、要投錢嗎？我應該比標價放多一點還是少一點？

四、我要不要直接帶著錢筒內的錢遠走高飛！

我們想做的其中一項地方工作，是厚實「韌性經濟」得以成長的環境，對比現在由「比較利益」建構而成的經濟模式，每個地方看似專業分工，獲取最大的金錢累積好處，但也變相犧牲很多「無法換算成金錢，但明明對人類好好活著，是很重要的一些依靠（如責任感、榮譽感、照顧他人的喜悅、相信他人的勇氣）。」

我們希望未來，可以有更多經濟行為，不只在乎CP值，而可以從「比較韌性」觀點出發：想想每次的消費或生產行為，能不能為生活著的環境，創造一定自給自足彈性。讓外部風險來臨時，我們既存的生活，不會受到太大巨變。

比起直接宣傳「在地採購」的種種好處，更想讓大家感受「我們也能為地方做事」的社群共創樂趣，希望讓大家對地方產生「原來我也可以是其中一份子，我能對社群有貢獻」的歸屬感。

在一次「在地阿伯揪志工，去雙溪泰平爬山」的過程中，發現了「誠實商店」這個讓小農可以用較低的互動行政成本，與現存的經濟體制互通有無的機制，於是我們舉辦考察工作坊。

過程中，有的小組巧遇攤主大聊特聊；有的小組，在徒步十幾公里的山徑上山後，回程遇到好心的阿姨便車相載。而怕大家走路無聊，我們事先整理了好幾篇關於社會經濟的討論文章，確保每個參與者都寫過近千字的心得報告，且幫助大家路上有談資。結尾時，我們也花了時間聊聊彼此對於誠實商店，對於替代經濟的各種觀點。

「誠實商店的買家是觀光客還是在地人？有監視器的商店算是誠實商店嗎？什麼樣的在地社會條件，才能支撐這樣的體系？這樣的體系，有機會在一定場域內遍地開花嗎？」如果你也好奇這些問題的答案，歡迎來雙溪走一趟！

（本文感謝陳紀曲協助）

封存在時光膠囊的小鎮

許秀瑜

台中生長製造，現定居於桃園，目前為「富富．小山岡」創生基地駐點人員。喜歡富岡的慢活步調，不過最近對當地因位處台地地形而造成的大風，覺得有點困擾。

富岡，在近年迅速發展的桃園中，猶如時光膠囊般被封存進時光的一個小鎮。

對比十年前的富岡街景照片，似乎與現今沒有太多差異；然而在這個寧靜樸實的客家小鎮上，還留著幾抹在日治時期繁華過的痕跡。像是位於中正路上的呂家洋樓，巴洛克式的華美建築讓不少人慕名而來；還有坐落於成功路的富岡車站，曾經富岡家家戶戶都貼有一張台鐵時刻表，只要看好想搭乘的班次，列車發車前的十分鐘，再優雅漫步出門，這是當地長輩移動到外地的主要交通方式。但1970年代後，台灣產業結構改變，農業沒

落，加上公路運輸興起，雖然鄰近台鐵車站，但沒有高速公路或其他重要道路行經的富岡，逐漸沒落，更面臨著人口老化、生活機能下滑的危機。

於是今年5月時，一群年輕人決心改變富岡，在地青年加上外地遊子，挽起衣袖，從整理一棟老屋開始，擾動這個沉靜多年的小鎮。同時我們成立了「創生協力隊」，將整理好的老屋命名為「富富．小山岡」，以小山岡為據點，展現「後生人」（客語年輕人之意）的影響力，改造富岡大作戰，正式開始！

從小小的改變開始，我們敲定每個月的最後一個週五，是「富富星期五之夜」；會邀請當地居民，一同齊聚在小山岡吃點心、欣賞電影或是演出。提供在地年輕人在家鄉能有個夜晚聚會的場所，長輩們也因為有人陪伴，而覺得自己重新活潑了起來。

8月時我們舉辦一人一菜的活動，邀請左鄰右舍相互分享彼此的拿手菜；9月富岡居民與我們一同整理小山岡的後巷花園，變成大家平時能夠來賞花草，享受恬靜午後時光的好去處。10月，大家一起在鐵道倉庫內看了國片《失控謊言》，這部在富岡取景的電影；有些當地朋友說，拍攝期間曾見過劇組來到富岡取景，卻從沒機會看到，這次總算如願了。

藉由簡單的活動擾動地方，讓富岡變得有點不一樣，吸引年輕人好奇返鄉看看故鄉的轉變，願意逐漸增加待在家鄉的時間；當行動累積出情感，也許能讓這份對家鄉的關心轉化成其他行動，讓自己也成為改變富岡的能量來源之一。期待富岡的時間發條能夠再次上緊，繼續前行！

延續新生價值的魚線椅

呂佩芸

目前任職於「大小港邊，熱帶漁林」，主要負責專案企劃、行銷採訪，因為對於地方及漁村的熱愛來到林邊，穿梭於社區巷弄間，展開與地方長輩、青年合作推廣漁村文化的行動。

林邊鄉有一處靠海的小村落——崎峰村，當漫步在這個靜謐村莊時，可以聽到海浪細語，若細細觀察可以發現這裡幾乎家戶都有張用魚線編織而成的椅子，稱之為「魚線椅」，是一項與在地討海人相息的生活技藝。

在地老船長吳水國阿伯，回想起自己何時學會製作魚線椅時說道：「這裡的漁民都會做這樣的椅子，我看人家在編，也自己拿魚線來試著慢慢學。」

接著便說起自己從17歲開始跑船的生活，捕魚的足跡橫跨東南亞到美洲，經歷過沉船事件的死裡逃生，這樣的故事是地方70歲左右的

長輩們共同的回憶；雖然如今地方漁業大量轉型為養殖業，但這樣的魚線編織技藝，仍舊透過一張張的椅子流傳著。

魚線椅的用途十分廣泛，是養殖牡蠣漁民在剖蚵時、蓮霧農民分級蓮霧時的好助手，它讓需要彎腰的低矮工作有了更舒適的位置，工作起來更加俐落輕鬆，也是左鄰右舍在門前庭院聚會、小憩聊天的最佳搭配。

在地人說：「這種椅子坐起來舒適、堅固，重點是魚線編織的椅面，在炎熱的屏東能有十分涼爽的效果。」椅面的材料就是來自捕魚船上「延繩釣」漁法淘汰的魚線，在搭配廢棄的木頭，敲敲打打成為堅固的底座，用魚線一絲一絲的纏繞於木頭上，變成了具有十年以上保固的涼爽座椅。

這樣一張在村莊內無所不見的椅子，讓我們發展成一項體驗活動，透過與地方木工廠的合作，利用木作角料釘製椅子的基底，再由吳水國阿伯親自教授魚線編織的技巧，讓參加者從中認識地方的漁村故事，也透過自己的雙手一步步創作出屬於自己的涼椅。

魚線椅外表看似平凡簡單，但光編織的結法就有三種以上，而編織的形式更可以根據每個人喜好進行創作，可以是橫線型、直線型、網狀型抑或是斜線型。這種工法，更讓用石油提煉而成的魚線不會成為百年不腐的廢棄物，而是讓它與角料木頭都獲得了延續生命的新價值。

大約在冬季

愈接近冬天，我們冰箱的食物就愈豐富。

相對於過去曾經居住都市，冬天在支亞干的感受格外明顯。東北季風吹進山谷，迴盪在打開的樹洞（註1）和陽光照不到的溪（註2），盤據山頭形成朦朧水霧，從山上降臨的水氣襲罩，冷是皮膚的直接感受，更是一種預兆——可以上山了。

「上山」是打獵的代名詞之一，Tnsamat，Samat／山產／獸肉，字根前墜m有追求之意；同義詞mbuyu也是相同的意思，Buyu／曠野／山林，追逐獵物、追逐山林，部落生活的一種方式。

事實上狩獵並非專屬冬天。過去傳統太魯閣族社會中，男獵女耕是我們的日常，男子負責上山取得蛋白質來源，女子則負責在部落耕作，平時的狩獵圍繞附近的山林，到了冬天才

Apyang Imiq

太魯閣族，支亞干部落族人，現職花蓮縣萬榮鄉西林社區發展協會專案管理。喜歡寫字，得過數次文學獎，現階段兩個最大的目標，是好好經營夫夫人生和出書。

會有較為長程的狩獵，讓不同的獵區有暫時喘息生養的機會。

冬天進行長程的狩獵，有幾個原因：第一，高山溫度下降讓動物往低海拔移動；第二，冬天溪流較為穩定，不會暴漲，獵人移動較為安全；第三，毒蛇們紛紛冬眠；第四，避開春天野生動物的繁殖期。這些耳熟能詳的原因，都能從經驗老道的獵人口中背誦而出。

隨著社會轉變，狩獵已不同於以往，靠山過活的方式被平地的新台幣取代，上山打獵轉換成新的面貌。長程的狩獵已無法配合當代繁忙的生活節奏，許多族人紛紛在冬季的休假期間上山，打獵的範圍也主要圍繞部落的山區附近，夜晚聽到巨大的槍聲，或是看到黑覷的山上舞動著一顆顆探照燈的火光，就知道山上有人了。

我記得第一次揹著龐大的鹿肉回家時，Tama看著山肉興奮的表情，好好地收進冰箱說這真的很好吃。山產的肉質極富彈性，相對平時吃慣養殖的動物，肉往往入口就軟爛，牙齒容易撕裂；山肉不一樣，嚼進嘴裡緊實的肉，摩擦在齒間，難以一口吞嚥，只能慢慢地嚼食，筋肉牽連的不僅是難忘又懷舊的味道，更是獵人埋伏山林，奔跑於溪水間的一種勞動意象，是珍貴物資的分享價值。

前幾天帶著一群朋友拜訪部落Payi（太魯閣族的女性耆老），電話聯繫時她笑著說有「好東西給你」，到了工寮，她把烹調好的果子狸慎重地裝在碗裡，遞到我面前，幾塊肉好像經過擺盤，堆疊成一座小山。肉皮像口香糖，咀嚼肌不斷顫動，配幾口酒水，聊天的話好像就能更深更遠。

友人問「吃起來香嗎？」Payi說是香也是臭，山產的味道本來就複雜，我們吃進一個部落的文化，難以單純描述單一的味覺感受。

註1：Rangah Qhuni，支亞干溪，也是支亞干部落舊名，是當今部落熱門的獵場範圍之一。
註2：Yayung Qicing，清水溪。

流動的島上故事

空間學者段義孚說過，「當空間被賦予價值，一開始混沌的空間就會堆疊成為地方。」鹹味島開張的兩個多月，逐漸地成為人群與故事的聚集場域，許多意想不到的故事之旅就此展開。

我們的深夜常客是位肌膚黝黑的工人小哥，目測年齡約30至40歲，眼神深邃、留著一團凌亂的小鬍子，在人群散去的打烊前後，灰褐色的身影總會安然地出現在門外。獨自一人的他，總帶著幾分醉意，日日光顧、不論晴雨。前院右手邊的涼椅是他的固定席，他會看著近乎消失黑暗的港口，獨自發呆。

鹹味島合作社的文字擔當，土生土長東引人，南漂台北求學十年，現在跟著一群可愛的團員們，一起創造地方的各種可能。

記得他第一次來的時候，並沒有進門，就在門外喊著：「妹妹，我要一杯熱美式！」，一開始的他總是戴著耳機，直到收店他都還坐在門外的椅子，看著大海遲遲不肯離去。第二次，他點了一杯啤酒，依然坐在門外，他不喜歡啤酒裡加的檸檬，他說：「我人生很苦，不喜歡酸酸的。」在那之後，小哥開始點威士忌，偶爾會講自己的故事，但總是一言一句就結束。

數不清第幾次的來訪時，他終於踏進了鹹味島。

「你不進來坐嗎，今天下雨。」夥伴問。

「不用、不用。我坐這裡就好。」小哥抽著煙，苦笑著說。

猜想著，裡頭人多可能讓他不自在吧。

「可以借廁所嗎？」他探頭進來問道。

「當然！經過展間、走到底左轉。」夥伴答。

那天，他用最寧靜的腳步和最不叨擾的姿態，走進了展間。那之後，小哥駐足在展覽畫作〈當黃腰柳鶯飛過〉前。他說：「這幅畫，讓我想到我妹妹。這……是我。」他指向黃腰柳鶯，「我是個……壞人」

之後他天天都來看這幅畫，以及一杯接一杯的威士忌，我們沒有追問，只知道他隻身一人來到北方的東引島，背負了很深的故事。

「哥，以後這瓶Monkey Shoulder就是你一個人的，好不好？但不要喝太多喔。」今天他拉了張椅子，獨自坐在畫前，哭了好久好久。

鹹味島的存在，聚集了午後的散客、傍晚時分的島民、晚上小酌的酒友，以及深夜在門外坐著的工班小哥。每個人都帶著自己的故事到來，累積成為空間中珍貴的能量，漸漸讓來東引、在東引的人重新定義自己與地方空間的關係。

充滿宜蘭感的深度體驗

宜蘭是個適合移居的地方，無論是土生土長的宜蘭人、或是選擇半農半X生活，為了家人孩子，放下城市忙碌生活來到這裡重新開始、或是遇上人生低潮需要尋找一個棲身之地，這塊土地毫無條件地接納著所有人，給予豐足的養分和時間，讓人們沉澱人生的想望，以自己的節奏創造工作和生活。在這種環境下所發展出的文化創意產業，本質上和都會區的文創產業有相當大的差異；從農業文創、在地文化、手作工藝和森林木業，都蘊藏著滿滿且深刻的生活感。

這幾年，深度文化體驗在文創市場快速興起。為了讓更多萌芽中

陳明輝

「宜蘭文創輔導中心暨文創產業實作」計畫主持人，同時為台灣工藝美術學校創辦人，目前致力於推動台灣工藝教育，從宜蘭等地開始札根，讓美重回生活與產業。

的體驗服務有更好的發展，同時也讓宜蘭文創朝向「體驗經濟」方向前進，宜蘭文創輔導中心今年陪伴文創業者前往棗稻田、宜蘭傳藝園區、頭城農場、班比山丘等場域進行移地見學活動，也遠赴營造藝術聚落的花蓮大港口部落交流。同時，更積極輔導在地業者轉型體驗服務或提升實作活動的品質與精緻度，一步步協助業者研發具在地文化又吸引目光的課程，透過深度體驗來表達品牌精神。

例如，頭城老字號香鋪己文堂的「傳統製香與人生體驗」工作坊，讓實作民眾體會傳統製香的職人精神，及透過嗅覺重新感受自身生命故事；「米薩維奇陶藝工作室」的美籍陶藝師Brian Misavage，則帶領大家深入山林田野，學習採用宜蘭黏土，揉製具有在地風土特色的「用宜蘭土做宜蘭陶」；從大稻埕移居來此的CSY手作坊推出的「自然植物錫盤課程」、未來氏工作室的「校園植物採集與染色」國小教學課程，和手腳日常工作室推出的「親子友善日常陶作體驗」等活動。除了工藝體驗、服務設計之外，也有由顯微鏡品牌Infinoptix發展結合顯微鏡自然觀察和科學繪圖的STEAM體驗課程。

此外，舊城、羅東、冬山等在地文創聚落的夥伴們也透過陪伴和定期聚會，一起思考如何在原有的日常生活基礎上，創造共同的文創精神和宜蘭美好生活的想像，並且將這些想像落實在產品設計、服務體驗設計上。

眾人們也持續營造親子友善和歡樂學習的環境氛圍，希望這些努力可以讓到的旅客不只是走馬看花，而是透過參與各種實作體驗，真正進到宜蘭在地的生活情境中，同時也朝向成為親子與兒童的夢土目標邁進。

（本文為廣編企劃）

以百年之名

高雄是我的家鄉——

家鄉對我來說，是全世界上最大的地方

高雄百年
文學風華

高雄文學館
高雄市前金區民生二路39號

2020.11.20(五)——**11.29**(日)

文學書展覽‧移動的書桌靜態展 —— 2F文學大廳

主題跨界詩會沙龍 —— 2F文學沙龍

2020.11.21(六)—**11.22**(日)
11.28(六)—**11.29**(日) **14:00—18:00**

文青 · 農市集&輕廚房 — 大門兩側戶外廣場、1F咖啡館

2020.11.22(日) **14:00—15:00**

打狗鳳邑文學獎頒獎典禮+得獎作品大賞

文青 · 農市集&輕廚房

集合高雄美濃、杉林、那瑪夏、阿蓮、前鎮、鹽埕等農學與生活創藝達人參與，透過地方風土的人文展現與職人們在專業領域上的生活分享，看見大高雄農村與市區的文化樣貌。

美濃｜mh米粒手作雜貨　杉林｜杉林好料 (精釀啤酒)　那瑪夏｜深山裡的麵包店
旗山｜潘潘手作咖啡、多肉植物、鹿米竹藝、甜妞雞蛋糕　阿蓮｜宋's handmade
鹽埕+美濃｜野無境、柚仔林合和學堂書店、七号閱覽室　三民｜白木舟(冰品)
新興｜流浪猴雞蛋糕　前鎮｜樂無事　嘉義｜勾勾搭　熟手慢工細活｜我己文創 I myself
鹽埕｜貓手Book&Shop日文二手藝文書店　旗津｜旗津thák冊
▶市集戶外演出｜無菌室、LadyTrouble 草包小姐、慵懶計劃Lazy Plan、霧虹 Fogbow

書展覽詩會沙龍

秋冬的海風吹來．握著鹹味的筆：我在高雄閱文學

文化局成立17年來規畫辦理多項文學獎及獎助書寫與出版計畫，在百年文學風華中與葉石濤、鍾理和建立歷史情緣，超過300多件作家與作品在高雄誕生、孕育，不同世代有著不同的書寫面貌，且讓我們一起握著鹹味的筆，在海風吹來的港邊，閱讀作家，也看見城市文學風景。

▶詳細活動時間內容，請上【就是愛朗讀高雄】、【文化高雄-高雄市政府文化局】臉書及官網閱覽，免費參加!

我在這裡－我的文學生活態度

(1)楊路得、郭銘哲

(2)水瓶鯨魚VS.陳建勳(艾比路唱片)

(3)鄭聿VS.徐珮芬，林達陽主持

(4)陳雋弘VS.任明信，林達陽主持

生活裡渴望遠方－文字創作的更多可能

(1)阮劇團(林孟寰+柯鈞元+盧志杰)

(2)楊佳嫻VS.騷夏

(3)蕭詒徽VS.郭佩萱

(4)鄭哲涵、林雅雯（「編笑編哭」B編），林達陽主持

向我們的故事致意－關於高雄的生命故事

(1)陳芳明VS.周昭翡+王榆鈞(吉它)

(2)鄭秉泓VS.鄭烱明、曾貴海、陳坤崙、彭瑞金、鍾鐵英 鍾鐵鈞、鍾舜文、葉松齡(吉它)、蔡宗言(小提琴)

(3)凌性傑VS.楊子霈VS.沈信宏

(4)林達陽VS.張嘉真

語言是我們思想的方式－樂團演出

(1)生祥＋大竹研

(2)淺堤Shallow Levée

▶免費參加!但場地有限，此兩場需上臉書【就是愛朗讀高雄】先報名，始得進場。

移動的書桌靜態展

參展作家｜王聰威、凌性傑、孫梓評、楊佳嫻、陳雋弘、騷夏、夏夏、言叔夏、林達陽、黃信恩

有些作家習慣在自己的書房默默筆耕，有些作家喜歡帶著筆電去咖啡館工作，有些作家在手機螢幕上發出一則則動態……。

書寫的情境與型態因人而異，藉由這些私人收藏更加貼近創作者的心志。作家的移動書桌，可能有鋼筆、稿紙、耳機、假髮、書包、煙斗……。

高雄文學一百年，高雄作家的隨身物件陪伴讀者見證百年風華。

▶策展小組

作家與作品書寫召集｜凌性傑、林達陽

書展展間設計規劃｜三餘書店、日青創藝

市集及樂團串邀｜日常人文探索工作室

協力書店｜城市書店、復興二手書店、等閒書房

協力單位｜聯經出版事業公司　聯合文學

主辦單位｜高雄市政府文化局｜Bureau of Cultural Affairs Kaohsiung City Government

地味手帖【03】

秘密據點

—地方工作者的地下事務所

主編 —— 董淨瑋
編輯顧問 —— 林承毅
封面設計 —— 廖韡
封面插畫 —— 奧斯卡
內頁設計 —— D-3 Design

社長 —— 郭重興
發行人暨出版總監 —— 曾大福
出版 —— 裏路文化有限公司
發行 —— 遠足文化事業股份有限公司
地址 —— 新北市新店區民權路108-3號8樓
電話 —— 02-2218-1417
傳真 —— 02-2218-8057
Email —— service@bookrep.com.tw
客服專線 —— 0800-221-029

法律顧問 —— 華洋國際專利商標事務所 蘇文生律師
印刷 —— 凱林彩印股份有限公司
初版 —— 2020年12月
定價 —— 350元

Printed in Taiwan

秘密據點：地方工作者的地下事務所 / 董淨瑋主編. -- 初版. --
新北市：裏路文化出版：遠足發行, 2020.12
面； 公分. -- (地味手帖；3)
ISBN 978-986-98980-3-4(平裝)
1. 社區發展 2. 產業發展 3. 創意 4. 文集
545.0933 109018074